Band 195

Niklas Luhmann

Rechtssystem und Rechtsdogmatik

Verlag W. Kohlhammer
Stuttgart Berlin Köln Mainz

Alle Rechte vorbehalten
© 1974 Verlag W. Kohlhammer GmbH
Stuttgart Berlin Köln Mainz
Verlagsort: Stuttgart
Umschlag: hace
Gesamtherstellung: W. Kohlhammer GmbH
Grafischer Großbetrieb Stuttgart
Printed in Germany
ISBN 3-17-001634-2

Inhalt

Vorwort 7

I. Zur Situation 9
II. Thesen über Dogmatik 15
III. Klassifikationsfunktionen 24
IV. Folgen als Kriterien? 31
V. Gesellschaftsadäquate Rechtsbegriffe 49
VI. Zum Beispiel Eigentum 60

Anmerkungen 77

Register 97

Vorwort

Gegenwärtig werden lebhafte Kontroversen geführt um eine stärkere Berücksichtigung der Sozialwissenschaften in der Jurisprudenz. Dabei sind die Fronten, die Prämissen der Argumente und die Grundlagen der Abschätzung von Möglichkeiten oft unklar; es sei denn, daß man eine politische Definition der Situation für eine Klärung nimmt. Angesichts solcher Auseinandersetzungen ist es eine bekannte und gute Maxime, den Punkt zu suchen, in dem die Gegner sich einig sind – und das Gegenteil zu behaupten. Das geschieht hiermit.

Den Einigungspunkt vermute ich in der Auffassung, daß Rechtsentscheidungen an ihren Folgen zu orientieren seien: eine Selbstverständlichkeit für die Praktiker, eine vernünftige Richtlinie für den Interpreten, ein Bezugspunkt für die Beurteilung juristischer Konstruktionen, dogmatischer Figuren und für den Rechtsvergleich und ein Einfallstor für die Sozialwissenschaften. Nimmt man diesen Ausgangspunkt an, kann es überhaupt nur noch um die Frage gehen, wie man den Bereich der relevanten Folgen abgrenzt. Da künftige Folgen von Entscheidungen hochgradig interdependent sind und dies um so mehr, als die hypothetischen Folgen von Alternativen in die juristische Entscheidung mit einbezogen werden müssen, führt die Folgenorientierung zwangsläufig zu einer Verwischung gegenwärtiger Differenzierungen – sei es in fachlicher, sei es in organisatorischer Hinsicht. Nimmt man dieses Prinzip unbesehen an, wird es daher schwierig werden, Grenzen noch sinnvoll zu ziehen. Man kann dann eigentlich nur noch von Standpunkten aus argumentieren. Die Frage bleibt, ob und in welchem Kontext der Ausgangspunkt gut gewählt ist.

Eine Reihe von Vorträgen, zu denen ich im Frühjahr dieses Jahres eingeladen worden war, bot eine Gelegenheit, diese Frage in Diskussionen zu testen. Die folgende Abhandlung gibt einen Gedankengang wieder, den ich in knapper und zugespitzter Form auf Einladung der juristischen Studiengesellschaft in Karlsruhe vorgetragen habe. Annähernd gleiche Überlegungen waren Grundlage von Vorträgen im Max-Planck-Institut für Ausländisches und Internationales Privatrecht in Hamburg und in einer Veranstaltungsreihe zur Studien- und Forschungsreform in der Rechtswissenschaft vor Mitgliedern des Fachbereichs für Rechtswissenschaft der Freien Universität Berlin. Die These lautete in allen Fällen, daß der Jurist mit dem Problem der Folgen seiner Entscheidungen juristisch nicht zurechtkommt und daß die juristische Dogmatik genau darauf eingestellt werden müsse.

Die These hat, wie zu erwarten, lebhaften Widerspruch gefunden. Wenn so heterogen zusammengesetzte Zuhörerkreise ähnlich reagieren, muß das einen Grund haben. Es kann sein, daß die These falsch ist; es kann sein, daß sie einen sehr tief liegenden empfindlichen Nerv trifft.

Jedenfalls hat der Widerspruch mich beeindruckt und mich bestimmt, es nicht beim mündlichen Vortrag zu belassen, sondern die Leitlinien der dazu führenden Überlegungen auszuarbeiten. Das Ergebnis wird hiermit für eine breitere Diskussion zur Verfügung gestellt.

Zahlreiche Anregungen aus den Diskussionen sind in den Text eingegangen. Vor allem schulde ich Herrn Professor Dr. Josef Esser Dank, dessen Korreferat in Karlsruhe mir trotz aller Kontroverse die gleiche Linie einer undogmatischen Behandlung der Dogmatik einzunehmen schien.

Bielefeld, im August 1973 *Niklas Luhmann*

I Zur Situation

1. In den letzten Jahren ist die Jurisprudenz in den Sog gesellschaftspolitischer Auseinandersetzungen geraten, die sich gegenwärtig noch zu verstärken scheinen. Vorbereitet durch eine Art Schattenboxen in den Universitäten, breitet eine engagierte gesellschaftspolitische Kritik etablierter Ordnungen sich mit dem Generationswechsel aus. Die Bewegung hat längst ihre eigenen Selbstverständlichkeiten und verbalen Routinen entwickelt, sie hat als Ausdruck von Unzufriedenheit mit den Zuständen hohe Plausibilität und scheint weder auf die Verarbeitung von konkreten Erfahrungen mit dem politisch-ökonomischen Komplex noch auf eine durch Erfahrung vermittelte gedankliche Kontrolle angewiesen zu sein. Man braucht nur zu beobachten, wie sich nahezu alle einschlägigen Verlage darauf einstellen, um die Breitenwirkung dieses Trends abschätzen zu können.

Die Kritik richtet sich, was speziell die Rechtswissenschaft und die Jurisprudenz angeht, nicht auf fachliche Fehlleistungen, sondern auf die Überzeugungsgrundlagen selbst: auf das Argumentationspotential, auf die Entscheidungspraxis und ihre bewußt oder unbewußt produzierten Ergebnisse und auf die Ausbildungsinhalte. Gefordert wird – und dies mit vollem Recht – ein adäquates Bewußtsein der gesellschaftlichen Lage des Rechtssystems und der Rechtspraxis mitsamt ihren Konsequenzen.

An all dem ist die Soziologie nicht unbeteiligt. Was gegenwärtig unter dem Gesichtspunkt einer sozialwissenschaftlichen Orientierung der Rechtswissenschaft und der Rechtspraxis postuliert wird, läuft jedoch dem weit voraus, was sich fachlich, das heißt theoretisch und methodisch, vertreten ließe. Es ist im Augenblick schlechterdings nicht zu sehen, wie sich Rechtsfragen im entscheidungsnotwendigen Detail auf soziologische Theorien oder auf Methoden der empirischen Sozialforschung beziehen ließen. Ja die Soziologie selbst nimmt Züge einer Projektwissenschaft an, die sich im Ansetzen von Ansätzen schon zu erschöpfen droht[1]. Im Streben nach »soziologischer Jurisprudenz« liegt die Gefahr einer Annäherung und Verständigung auf dem für beide Seiten niedrigsten Niveau. Das kann man bei genügender Kenntnis beider Disziplinen schlicht wissen, und darüber sollte es keine Diskussion geben. Zu einer Zeit, als Roscoe Pound, Edward Ross und Albion Small Kontakt fanden, war das

nicht so offensichtlich wie heute[2]. Damals stand die Soziologie am Beginn ihrer Entwicklung. Heute ist zu sehen, daß diese Vorstellung soziologischer Jurisprudenz auf Beziehungen zwischen einigen wenigen Büchern und Autoren beruhte und daß sie auf der Voraussetzung einer unentwickelten Soziologie basierte, die sich beim gegenwärtigen Entwicklungsstand dieses Fachs kaum noch halten läßt. Gerade weil die Soziologie methodisch wie theoretisch so erhebliche Fortschritte gemacht hat, ist das Unsoziologische einer soziologischen Jurisprudenz für den Soziologen offensichtlich.
Nun genügt es aber nicht, sich damit zu beruhigen, daß Soziologen, die »vor den Toren der Jurisprudenz« aufmarschieren, ihr Cannae erleben werden. Es wäre ebenso bedauerlich wie fruchtlos, wenn es dabei bliebe. Bei allen Ungereimtheiten der Kritik, bei aller Oberflächlichkeit der Schlagworte und bei aller Voreingenommenheit dessen, der selbst in den armselig ausgestatteten Amtsstuben unterer Gerichte noch Klassen oder gar Eliten herrschen sieht – ein Reflexionsdefizit auf seiten der Jurisprudenz ist unbestreitbar. Man kann diesen Eindruck auf die Formel bringen, daß Einrichtungen der Selbststeuerung des Rechtssystems nicht oder nicht mehr adäquat funktionieren. Wir wissen, daß die Entwicklung der neuzeitlichen Industriegesellschaft von einer stärkeren Ausdifferenzierung des Rechtssystems und von der Erfindung und juristischen Handhabung universalistischer Kategorien und Rechtsinstitute begleitet gewesen war – mag das institutionelle Fundament mehr in der Justiz (USA) oder mehr in der Universitätslehre (Deutschland) gelegen haben[3]. Wir wissen nicht, ob damit nur vorübergehende Entstehungsbedingungen oder dauernde Erhaltungsbedingungen der modernen Gesellschaft bezeichnet sind. Und erst recht läßt sich die Bedeutung einer eigenständigen Rechtskultur auf der Ebene der allmählich zusammenwachsenden Weltgesellschaft kaum abschätzen[4].
2. Außer solchen Globalperspektiven mit unbeantwortbaren Fragestellungen gehört zur gegenwärtigen Situation, daß die Rechtswissenschaft nicht in der Lage ist, das von ihr verwaltete Gedankengut auf solche Perspektiven zu beziehen. Durchweg herrscht ein sehr skeptisches Urteil über die Leistungsfähigkeit der Rechtsdogmatik vor – auch und gerade bei Autoren, die sich intensiv mit dem Problem auseinandergesetzt haben[5]. Das wiederum fällt dem Soziologen auf als Symptom für Orientierungs- und Reflexionsschwächen des Rechtssystems. Dies mag an sehr verschiedenen Gründen liegen. Ein wichtiger Grund dürfte sein, daß die großen Modernisierungskontroversen der letzten hundert Jahre mit einer Frontstellung geführt worden sind, die man nachträglich als unzureichend beurteilen muß. Dies gilt für den Kampf der Interessenjurisprudenz gegen

die Begriffsjurisprudenz und ebenso für den Kampf der realistischen gegen die analytische Schule in den Vereinigten Staaten. Denn schließlich konnte man doch nicht ernsthaft behaupten, daß alle Begriffe im Stande der Sünde gezeugt werden und ihre Analyse daher abzulehnen sei[6]. Es kommt also auf den richtigen Gebrauch an – was man immer schon wußte.

Kriege mit falschen Fronten erzeugen oft irreparable Schäden, weil der Sieger einen falschen Sieg siegt und notwendige Systementwicklungsentscheidungen nicht getroffen werden. Als Erbe der Interessenjurisprudenz haben wir einige dogmatische Gewinne zu verzeichnen, vor allem aber einen Trend zu einer massiven und unreflektierten Soziologisierung der Rechtsanwendung, ohne daß die Soziologie selbst Instrumente oder Theorien dafür anlieferte. Diese Entwicklung wäre konsequent, wenn es wirklich nur darum ginge, die faktischen Interessenlagen in der Gesellschaft gegenüber den aus Begriffen abgeleiteten Scheinargumenten zur Geltung zu bringen. Aber: Ist das nicht eine viel zu einfache Sicht auf das Problem?

Die Wendung der Rechtstheorie, die Rudolf von Jhering eingeleitet hat, läßt sich so einfach nicht formulieren. Um den Punkt der Wendung zu sehen, muß man zunächst die Vorgeschichte beachten, die mit dem Verständnis des Systembegriffs verbunden ist. Der Systemgedanke war zu Beginn des 17. Jahrhunderts in engem Zusammenhang mit dem Gewißheitsproblem der theologischen Diskussion und dem entstehenden Konfessionalismus[7] aus der Astronomie und der Musiklehre in die Theologie, die Philosophie und die Jurisprudenz überführt worden – zunächst als ein Mittel unterrichtstechnischer Ordnung, nachdem sich die Zentralfragen der Kontingenz und der Glaubensgewißheit auf dem Niveau begriffsscharfer scholastischer Diskussion als unlösbar erwiesen hatten[8]. Dieser Bezug auf Kontingenz und die Absicht auf Gewißheitssicherung hatte eine Verquickung des Systembegriffs mit Erkenntnisproblemen nahegelegt. Ein System wurde als Mittel der Ordnung und Klassifikation und damit der Sicherung und Begründung von Erkenntnissen verstanden, nicht ohne weiteres auch als Realität (und zwar weder im mittelalterlichen noch im neuzeitlichen Sinne von »Realität«). Diese Assoziation ließ das Systemdenken *partizipieren an den Autonomiegewinnen der neuzeitlichen Erkenntnistheorie* bis hin zur Auffassung von »System« als bloßem Entwurf, als Hypothese, als Aufbau eines Buches, als Darstellungsform. Losano[9] spricht in bezug darauf von dem Vorherrschen eines externen (das heißt: dem Rechtsstoff externen) Systembegriff. Oft wird auch von analytischen im Gegensatz zu konkreten Systemen gesprochen. Jedenfalls verbindet sich mit diesem Systemkonzept der Anspruch auf hohe Dispositionsfreiheiten im Arrangieren der Materie nach Maßgabe nur der inneren Gesetzlichkeiten des analytischen Systems. Das System war jedoch nichts weiter als eine Leistung der Klassifikation aufgrund angenommener Gesichtspunkte.

Es hat nicht ausgereicht, dem nur die Geschichtlichkeit des Rechtsstoffes entgegenzusetzen. Vielmehr zeigte sich Anfang des 19. Jahrhunderts mit dem Aufkommen evolutionistischer und historischer Perspektiven gleichzeitig in anderen Disziplinen, vor allem in der Biologie, daß eine funktionale Analyse des Gegenstandes die klassifizierende Systematisierung ihrer Beliebigkeit und Hypothetik (im alten, Newtonschen Sinne) enthob[9a]. Diese Erfahrung zwang die Wissenschaft dazu, den mit Ordnung, Organisation, System gemeinten Sachverhalt in den Gegenstand selbst zu verlagern und ihre eigene Systematik vom Gegenstand her zu begründen.

In der Rechtswissenschaft beginnt eine entsprechende Wendung mit Jhering. Jherings Konzept der juristischen Konstruktion verlangt in seiner Konsequenz den Übergang zu einem anderen Systembegriff, nämlich die Auffassung des Rechtssystems als eines Systems der sozialen Realität, als eines Teilsystems der Gesellschaft[10]. Das Wort »Interesse« signalisiert diese Wendung, formuliert sie aber nicht ausreichend[11]. Es geht darum, Systembildungsleistungen immer zunächst der Gesellschaft selbst zuzuschreiben und erst von dieser Voraussetzung her nach Leistungen der Selbstorganisation und Selbstabstraktion gesellschaftlicher Teilsysteme und nach den Bedingungen ihrer Möglichkeit zu fragen. Die Polemik der Vertreter einer Interessenjurisprudenz gegen eine Begriffsjurisprudenz und für eine soziologische Jurisprudenz darf deshalb nicht als eine Polemik gegen Abstraktion, gegen Begrifflichkeit, gegen Dogmatik mißverstanden werden. Auch die Interessenjurisprudenz lebt, juristisch gesehen, von ihren dogmatischen Erfindungen. Sie richtet sich vielmehr gegen die Prätention einer autonomen begrifflichen Disposition über Rechtsfragen allein im Interesse von Erkenntnis.

Die Umstellung des Rechtsdenkens von Begriffssystem auf Handlungssystem ermöglicht eine funktionale Problematisierung der Dogmatik. Das besagt nicht, daß Dogmatik durch Problematik ersetzt werden könne[12]; wohl aber gibt die neue Systemauffassung der Reflexion auf Funktion und Begriff der Dogmatik eine veränderte Basis. Die Orientierung am Rechtssystem in einem neuartigen Sinne zeigt sich – sehr versteckt – schon daran, daß der Übergang zur Interessenjurisprudenz die Dogmatik ein gut Teil gesetzgebungsabhängiger macht als zuvor; denn sie muß nun die Wertung der Interessen durch den Gesetzgeber voraussetzen[13]. Die Dogmatik muß nun eine rechtssystemimmanente Funktion zugewiesen erhalten.

Weitergeführt, zwingt diese Entwicklung zur Anerkennung eines *zweistufigen Abstraktionsverfahrens:* Die Gesellschaft bildet in dem Maße, als sie ein Rechtssystem ausdifferenziert, neben den Rechtssätzen selbst auch Begriffe und Dispositionsregeln zu ihrer Behandlung aus. Sie kann den so in Begriffsform gebrachten Rechtsstoff systematisieren, nach Prinzipien ordnen und ihn gleichsam in Gärung versetzen, ihn nämlich in eine dynamische, selbstkritische Masse verwandeln. Das ist die Funktion von Dogmatiken. Eine rechtstheoretische und im theoretischen Sinne wissenschaftliche Behandlung dieses Rechtsstoffes setzt erst auf einer höheren Ebene der Abstraktion ein, auf der für höhere Dispositionsfreiheiten der Preis der Unverbindlichkeit bezahlt werden kann. Die Rechtstheorie bildet Abstraktionen von Abstraktionen; sie fragt zum Beispiel nach der Funktion von Klassifikationen. Und erst auf dieser Ebene kann jene Autonomie der Erkenntnis beansprucht werden, die mit der neuzeitlichen Entwicklung der Wissenschaften durchgesetzt worden ist.

Die Notwendigkeit, in dieser Weise juristische Dogmatik und Rechtstheorie (oder auch: Jurisprudenz und Rechtswissenschaft) zu unterscheiden, findet heute zunehmend Anerkennung[14]. Dem entspricht als gesellschaftliches Faktum der Unterschied der Ausdifferenzierung von Rechtssystem und Wissenschaftssystem mit je eigenen Strukturen und Prozessen. Dieses Faktum gehört zur Situation, in der die Rechtswissenschaft sich heute vorfindet. Ihre Wissenschaftlichkeit ist umstritten. Sie kann nur behauptet werden, wenn man eindeutig zwischen den begrifflichen, dogmatischen, normativen Selbstabstraktionen der gesellschaftlichen Realität, hier also des Rechtssystems, und deren wissenschaftlicher Analyse unterscheidet. Diese Unterscheidung ist Voraussetzung dafür, daß im Zusammenhang wissenschaftlicher Forschung unter nichtdogmatischen Gesichtspunkten nach der rechtssystematischen und der gesellschaftlichen Funktion und nach der Zukunft juristischer Dogmatik gefragt werden kann.

3. Sieht man einmal von allen konkreten Rechtsproblemen und selbst von den Unterschieden der großen Rechtsgebiete wie Strafrecht, Zivilrecht oder öffentliches Recht ab, dann scheinen es vor allem zwei globale Entwicklungstrends zu sein, die das traditionelle begrifflich-dogmatische ebenso wie das kasuistische Orientierungsgerüst des Juristen in Schwierigkeiten gebracht haben: Zum einen steht das Recht vor zunehmenden *Tempoanforderungen* in der Anpassung an gesellschaftliche Veränderungen, die sich ihrerseits beschleunigt haben. Im Verhältnis zu den gesellschaftlichen Prozessen und im Verhältnis zum Tempo der Rechtsänderung selbst, vor allem

der Gesetzgebung, sind Dogmatik und Kasuistik trotz aller Raschheit juristischer Urteilsbildung im einzelnen als Verfahren der Strukturentwicklung bei weitem zu langsam[15].

Zum anderen können wir im Zuge der Selbstrealisierung der bürgerlichen Gesellschaft eine *Umstellung* gesellschaftlicher Grundorientierungen *von der Vergangenheit auf die Zukunft* beobachten, die dazu führt, daß Entscheidungen nicht mehr durch bewährte Gegebenheiten normativer oder faktischer Art, sondern letztlich nur noch durch ihre Folgen gerechtfertigt werden können. Diese Folgen-Orientierung hat sich auch im Recht durchgesetzt.

In beiden Fällen handelt es sich um langfristige Trends, die mit strukturellen Eigentümlichkeiten des hochkomplexen, funktional differenzierten neuzeitlichen Gesellschaftssystems zusammenhängen und damit um Orientierungsmuster, die man als praktisch irreversibel ansehen muß. Sieht man außerdem, daß es sich bei Tempo und Zukunftsorientierung um Aspekte der Zeitdimension handelt, die die gesamte Lebensführung betreffen, wird klar, daß sie auch das Rechtssystem als ganzes vor neuartige Problemlagen stellen – in einer Weise, die nicht zu vergleichen ist mit der alten Diskussion, ob das alte Recht besser ist als das neue oder umgekehrt.

Andererseits ist nicht von vornherein ausgemacht, daß das Recht auf der Ebene seiner Selbststeuerung auf Tempoanforderungen durch Beschleunigung seiner Entscheidungsprozesse und auf den Bedarf nach einer strukturierten oder doch strukturierbaren Zukunft durch eine Art rechtseigene Planung reagieren muß. Wo diese Möglichkeiten blockiert sind, liegt die – oft beobachtete und oft kritisierte – Reaktion durch zunehmende Unschärfe, Porosität und Beliebigkeit der Begriffsverwendung nahe[16]; oder es wird nach Zufall und Opportunität entschieden, ob eine Entscheidung mehr auf dogmatisch-begriffliche oder mehr auf andere Argumente gestützt wird. Ein Abbau dogmatischer Stringenz ist eine der möglichen Reaktionen auf Überforderung und, soziologisch gesehen, vielleicht die wahrscheinlichste. Es könnte sein, daß es daneben noch unausgeschöpfte Möglichkeiten begrifflich-dogmatischer Abstraktion gibt, die die Kompatibilität des Rechts mit einer Vielzahl unterschiedlicher Gesellschaftszustände und mit einem rasch wechselnden Normmaterial sicherstellen – so wie man einst ja auch erreichen konnte, daß Verträge unabhängig von ihren jeweiligen Inhalten rein als solche verbindlich sind.

II Thesen über Dogmatik

Daß die Rechtsdogmatik nicht sich selber, sondern dem Leben (und das soll heißen: der Rechtsanwendung) zu dienen habe, wird von Juristen wohl übereinstimmend betont[17]. Diese »Erkenntnis« sollte jedoch nicht am Ende, sondern am Anfang einer Untersuchung stehen. Interessant ist erst die Frage nach der Struktur und dem Kontext einer solchen Beziehung. Geht man davon aus, daß Rechtsangelegenheiten entwickelter Gesellschaften in einem ausdifferenzierten Rechtssystem behandelt und im Konfliktsfalle zur Entscheidung gebracht werden, ist ein Bezugsrahmen vorgezeichnet, in dem man nach der Funktion einer Rechtsdogmatik für ein solches Rechtssystem fragen kann. Rechtsdogmatiken werden damit als Selbstabstraktionen und Steuerungseinrichtungen des Rechtssystems zum Problem.

1. Am Begriff der Dogmatik ist für das gewohnte Verständnis das wichtigste Kennzeichen ein *Negationsverbot:* die Nichtnegierbarkeit der Ausgangspunkte von Argumentationsketten. Sie bleiben der Kritik entzogen. Julius Kraft formuliert zum Beispiel: »Eine Disziplin heißt Dogmatik, insofern sie gewisse an und für sich willkürliche Sätze als über jeder Kritik stehend erachtet und also das Postulat der unabhängigen Forschung aufgibt«[18]. Daran nehmen Freigeister Anstoß. Soziologen dagegen wissen, daß es etwas »an und für sich Willkürliches« im gesellschaftlichen Leben gar nicht gibt; und sie wissen weiter, daß alle menschliche Kommunikation Nichtnegierbarkeiten voraussetzt[19]. Soziologisch kann die Frage daher nur lauten: In welcher Höhenlage, in welchem Abstraktionsgrad werden Nichtnegierbarkeiten angesiedelt, wenn man ihnen die Form von Dogmatik gibt? Und auf welche gesellschaftlich eingeführten und etablierten Negationsverbote stützen sie sich? Dann aber liegt es nahe, weniger auf die Sichtbegrenzungen der Dogmatik als auf die dadurch ermöglichten Abstraktionsleistungen und Interpretationsfreiheiten abzustellen[20]. Der bloße Hinweis auf Kritikunterbindung – eine sehr verbreitete, fast selbstverständliche, jedenfalls über Dogmatiken weit hinausreichende Erscheinung – reicht demnach zur Charakterisierung nicht aus; daneben müßten auch die positiven Funktionen einer Dogmatik herausgearbeitet werden[21]. Die positive Funktion der Dogmatiken dürfte darin bestehen, daß durch die Art des Arrangierens von Negationsverboten die Flexibilität in der Aus-

beutung von Texten und Erfahrungen auf das erforderliche Niveau gebracht wird.

Juristen, die einen überlegten Begriff von Dogmatik vertreten, kommen dieser Auffassung heute durchweg nahe. Der Sinn von Dogmatik liegt für sie nicht in einer Fixierung des ohnehin Feststehenden, sondern in der Ermöglichung kritischer Distanz, in der Organisation einer Schicht von Überlegungen, Gründen, Verhältnisabwägungen, mit denen der Rechtsstoff über seine unmittelbare Gegebenheit hinaus kontrolliert und verwendungsfähig aufbereitet wird[22]. Die Dogmatik steuert das Arrangierverhalten des Juristen. Es fehlt aber eine ausreichende Klarheit über den Kontext, der diese Funktion dirigiert, limitiert und bewertbar macht. Ist es die Geschichte? die Gesellschaft? die Wissenschaft?

2. Die Funktion von Dogmatiken muß, wenn sie nicht in Negationsverboten *besteht*, sondern nur von ihnen *abhängt*, neu bestimmt werden. Sie liegt, und das zeigt die Geschichte sowohl der theologischen als auch der juristischen Dogmatik überaus deutlich, nicht in der Fesselung des Geistes, sondern gerade umgekehrt in der *Steigerung der Freiheiten im Umgang mit Erfahrungen und Texten*. Dogmatische Begrifflichkeit ermöglicht eine Distanznahme *auch und gerade dort, wo die Gesellschaft Gebundenheit erwartet*. Das geschieht, indem dogmatisches Denken und Interpretieren seine Gebundenheit auf »Materialien« – zum Beispiel auf Normen oder auf heilige Texte oder auf Offenbarungsinhalte – bezieht, über die sie begrifflich disponiert. Auch die Bindung selbst kann dann noch dogmatischer Interpretation unterworfen werden, so daß die Dogmatik ihre Freiheit aus ihrer Gebundenheit herleiten kann: Es wird dann zum Beispiel gesagt, das Bindende sei unergründlich, sei geheimnisvoll oder sei rein historisches Faktum, Positivität – in jedem Falle etwas, was Interpretation verlangt.

An dieser Differenz von Material und begrifflich gesteuerter Interpretation läßt sich weiter ablesen, daß die Dogmatik es mit *Unsicherheiten* zu tun hat, die in der Form von Bindung nur scheinbar behoben waren. Dogmatik ermöglicht die Wiederherstellung von Zweifeln, die *Steigerung tragbarer Unsicherheiten*[23]. Eine solche Steigerung läßt sich vor allem dann erreichen, wenn sie auf spezifizierbare Unsicherheiten bezogen wird, etwa auf die Ungewißheit des Seelenheils oder auf die Unsicherheiten der Rechtsanwendung. Die für ein ausdifferenziertes Teilsystem der Gesellschaft relevanten Unsicherheiten können eben deshalb erhöht werden, weil nicht alles von ihnen abhängt[24]. Auf diesen soziologischen Zusammenhang von Dogmatik und Ausdifferenzierung kommen wir unter II. 7 nochmals zurück. Zunächst sei nur festgehalten, daß mit der Erhöhung von Unsicherheitstoleranz eine für komplexe Gesellschaften sehr wesentliche Systemqualität bezeichnet ist.

3. Im Falle der Rechtsdogmatik geht es darum, diejenigen Unsicherheiten zu steigern, die mit zwei zentralen Erfordernissen des Rechtssystems kompatibel sind: mit der Bindung an Rechtsnormen und mit Entscheidungszwang im Falle von Rechtskonflikten[25]. Die »relevanten Unsicherheiten« sind die Unsicherheiten der Rechtsanwendung. Für dieses Sonderproblem muß das Verhältnis von Materialien und Begriffen, von Bindung und Freiheit dogmatisch entwickelt werden.

Auf der Suche nach generalisierten Symbolen, an denen das Rechtssystem sich in seinen Entscheidungsprozessen orientiert, stößt man im Rechtssystem als erstes auf den Bestand des geltenden Rechts, auf die Rechtsnormen selbst, die für eine Vielzahl von Fällen erzeugt und auf sie angewandt werden. Diese Normen sind als Steuerungsebene unentbehrlich; ohne sie könnte man nicht von Recht sprechen. Gäbe es keine Differenz von Struktur und Prozeß, könnte ein Rechtssystem nicht ausdifferenziert werden. Eine dogmatische Systematisierung der Rechtsnormen ist eine erst anschließende, späte, voraussetzungsvolle Errungenschaft, die man weder in allen Rechtsordnungen noch auf allen Rechtsgebieten für unentbehrlich hält. Die Frage ist daher, wie sich die Rechtsdogmatik zu den Rechtssätzen, Rechtsnormen oder, abstrakter formuliert, zu den Entscheidungsprogrammen des Rechtssystems verhält.

Das Entstehen von Dogmatik setzt ein bestimmtes »Organisationsniveau« des Rechtssystems voraus, nämlich die Möglichkeit, über Rechtsfragen bindend zu entscheiden. Ist diese Möglichkeit gewährleistet, dann verschiebt sich innerhalb des Rechtssystems die vorherrschende Form der Problemstellung und Fallbehandlung; das Problem liegt dann nicht mehr nur in der Beziehung zwischen normativer Erwartung und faktischem Verhalten, sondern letztlich in der Beziehung zwischen der Norm als Entscheidungsprämisse und der Entscheidung[26]. Es werden dann zwischen allgemein geltenden Entscheidungsprogrammen und Fallentscheidungen *Beziehungen* hergestellt; man spricht von »Anwendung« des Rechts. Solch eine Relationierung von Programm und Entscheidung hat nur Sinn, wenn mindestens eines der aufeinander bezogenen Elemente kontingent gesetzt wird, das heißt auch anders möglich ist. Ein Fall wird erst dadurch zum Fall: Er kann vorkommen oder ausbleiben, kann so oder anders ausfallen[27]. Wenn darüber hinaus *beide* Elemente der Rechtsanwendungsbeziehung kontingent werden, wenn also auch Rechtsnormen so oder anders ausgelegt (oder gar: so oder anders gesetzt) werden können, wird die Beziehung doppelseitig variabel. Sie verliert den feststehenden Anhaltspunkt in dem einen ihrer Elemente. Dieser Anhaltspunkt muß ersetzt werden durch Kriterien der Relationierung, die die Rechtsanwendungsbeziehungen nochmals relationieren. Auf dieser Ebene der *Relationierung von Rechtsanwendungsrelationen* entsteht der Bedarf für Rechtsdogmatiken – in welcher Form immer er dann erfüllt wird.

Wenn diese Grundauffassung zutrifft, liegt die Funktion der Dogmatik in der Einschränkung der Beliebigkeit von Variationen, die möglich werden, wenn eine Beziehung als *zweiseitig* variabel vorgestellt wird – wenn also nicht nur die Fälle sich nach den Normen, sondern zugleich auch die Normanwendungen sich nach den Fällen richten sollen. Durch Dogmatisierung des Rechtsstoffes – und das heißt zunächst: durch seine begrifflich-klassifikatorische Durcharbeitung – wird erreicht, daß jenes oft beschriebene Hin- und Herwandern des Blicks zwischen Normen und Fakten nicht ohne Führung bleibt, sich nicht nur der Entscheidungssituation[28], sondern auch dem Rechtssystem verpflichtet weiß und sich nicht aus der Rechtsordnung hinausspiralt.

Relationierungskriterien können zunächst konkret in *schon entschiedenen Fällen* gefunden werden (da ja der Fall von vornherein in einem gedanklichen Schema der Wiederholbarkeit von Entscheidungen konstituiert war). Man wiederholt damit Anwendungsentscheidungen in anderen, ähnlichen Situationen. Wenn und soweit der Fall als solcher die Funktion des Relationierungskriteriums erfüllt, entsteht Kasuistik. Das Rechtssystem artikuliert seine Entscheidungsprämissen als unmittelbare Interdependenz von Entscheidungen. In dem Maße, als Gründe der Ähnlichkeit von Fällen reflektiert und zum Relationierungskriterium gemacht werden, entsteht Dogmatik[29]. Dabei kommt es zu Formen »zentralisierter Interdependenz« in dem Sinne, daß eine (unbestimmte) Vielzahl von (unvorhersehbaren, unbekannt bleibenden, vergeßbaren) Entscheidungen von festgehaltenen Gesichtspunkten abhängen und durch diese dogmatischen Gesichtspunkte im Entscheidungsprozeß gleichsam repräsentiert werden.

4. Demnach bietet die Rechtsdogmatik eine von mehreren funktional äquivalenten Lösungen für das Problem der Relationierung von Rechtsanwendungsrelationen mit angebbaren Vorteilen in bezug auf Kontrolle unübersehbar großer Entscheidungsmengen. Folgt man dieser Auffassung, dann ergeben sich wesentliche Modifikationen am geläufigen Bild der Dogmatik. Sie kann dann nicht mehr auf der Achse Normsetzung – Normanwendung als Zwischenglied angesiedelt, kann auch nicht mehr auf die Funktion einer Subsumtionshilfe beschränkt werden: weder auf die Funktion einer detaillierten Aus-

arbeitung unbestimmter gesetzlicher Tatbestände, noch auf die juristische Konstruktion von Sachverhalten zum Zwecke der Herstellung ihrer Subsumtionsfähigkeit. Ihre Funktion liegt *quer* dazu in einer Konsistenzkontrolle im Hinblick auf die Entscheidung *anderer* Fälle. Durch dogmatische Analysen kann daher die Unbestimmtheit gesetzlicher Regeln nicht nur reduziert, sondern auch gesteigert werden, wenn nämlich die Dogmatik Normen zur Einbeziehung anderer Entscheidungsmöglichkeiten generalisieren und problematisieren muß.

Die Rechtsdogmatik definiert im Rahmen dieser Funktion die *Bedingungen des juristisch Möglichen,* nämlich die Möglichkeiten juristischer Konstruktion von Rechtsfällen. »Bedingungen des Möglichen« werden auf der jeweils höchsten Systemebene festgelegt[30]. Die Rechtsdogmatik bildet demnach die höchste und abstrakteste Ebene möglicher Sinnbestimmungen des Rechts im Rechtssystem selbst[31]. Diese Stellung der Dogmatik *innerhalb* des Rechtssystems schließt es im übrigen nicht aus, daß es außerhalb des Rechtssystems, etwa im Wissenschaftssystem und dort unter den Gesichtspunkten der Rechtstheorie, noch abstraktere Konzeptualisierungen des Rechts geben kann.

Auf dieser Ebene der Dispositionsbegriffe fallen nicht notwendig schon die Realisationsentscheidungen, die Recht in Geltung setzen. So wenig wie die Erkenntnistheorie mit Aussagen über die Bedingungen der Wahrheitsfähigkeit schon mitteilt, was wahr und was unwahr ist, so wenig ist die Dogmatik allein imstande zu sagen, wer recht und wer unrecht hat. Sie setzt vielmehr den rechtsbildenden Prozeß, den sie mit begrifflichen Beschränkungen strukturiert, als Realisationsinstanz voraus. Das schließt, wenn man die zeitliche Abfolge des Aufbaus von Rechtsordnungen mit in Betracht zieht, nicht aus, daß die Dogmatik ihrerseits ihre eigenen Möglichkeiten erst an den Realisaten schon abgelaufener Prozesse erkennt. Trotz dieser Distanz zu dem, was als Recht gilt, kann man auch von der Dogmatik ähnlich wie von der Sprache sagen, daß sie gilt – allerdings auf einer anderen Ebene als die Rechtsnormen und die rechtskräftigen Entscheidungen.

Auf der Ebene der Disposition über das, was juristisch möglich ist, kann sinnvollerweise nicht zwischen Argumenten de lege lata und de lege ferenda unterschieden werden[32]. Die Dogmatik hat es mit dem rechtlichen Entscheidungsprozeß schlechthin zu tun, die Differenzierung der Kompetenzen ist für sie ein Sonderproblem. An die Stelle dieser kompetenzbezogenen (und damit variablen) Unterscheidung tritt für sie die Notwendigkeit, die restriktiven Bedingungen des juristisch Möglichen (einschließlich juristisch möglicher

Rechtsänderungen) aus den vorhandenen Normmaterialien herauszuabstrahieren. Die Analogie zur Erkenntnistheorie ist auch insoweit instruktiv; denn auch die Erkenntnistheorie steht vor der Notwendigkeit, die Bedingungen möglicher Erkenntnis im Wissenschaftssystem selbst zu verankern[33]. Klarheit in dieser Frage ist vor allem dazu wichtig, daß man sieht, daß de lege ferenda keineswegs alles juristisch möglich ist (und Rechtsänderung damit juristisch uninteressant). Das Recht ist eine selbstsubstitutive Ordnung, Recht kann nur durch Recht ersetzt werden, und dabei ergeben sich Anschluß- und Einarbeitungsprobleme, über die die Dogmatik Auskunft zu geben hat.

5. Mit all dem ist noch wenig darüber ausgemacht, wie diese Funktion einer Rechtsdogmatik erfüllt werden kann. Das Rechtsdenken unserer Tradition hat mit *zwei* Antworten nebeneinander gearbeitet: 1) mit der Idee der Gerechtigkeit und 2) mit der begrifflichen Erfassung einzelner Rechtsgedanken, Prinzipien und Rechtsinstitute. Diese beiden Antworten konnten verbunden werden durch das Postulat, daß auch die Rechtsdogmatik wiederum gerecht sein solle. Ungeachtet der konkreten, wechselnden, oft umstrittenen Ausprägungen, die diese beiden Antwortrichtungen gefunden haben, ist schon die Doppelstrategie selbst bemerkenswert. Für die Zukunft der Rechtsdogmatik ist deshalb schon dies die Frage: ob es dabei bleiben wird, ob und in welchem Sinne man auch in Zukunft zwischen Gerechtigkeit und Begriffsdogmatik wird unterscheiden können und ob weiterhin Gerechtigkeit eines der Kriterien (wenn nicht das einzige Kriterium) für die Selektion und Bewährung von dogmatischen Begriffen bleiben wird[34].

Legt man den hier vorgeschlagenen Begriff des Rechtssystems zugrunde, läßt die Doppelstrategie von Gerechtigkeitskriterium und dogmatischer Begrifflichkeit sich beschreiben als Widerspiegelung der *Einheit* und der *Komplexität* des Rechtssystems. Das Kriterium der Gerechtigkeit bezieht sich auf die Einheit des Systems als Ganzes. Es bezeichnet die Perfektion des Systems – das Prinzip, in dem es nicht mehr negierbar ist. Die Einheit des Rechtssystems aber ist eine komplexe, und gerade darin wurde, gemäß überlieferter theologischer und philosophischer Argumentation, ihre Perfektion gesehen[35].

Übersetzt man diesen Gedanken in eine moderne, systemtheoretische Sprache, dann kann man sagen, daß Gerechtigkeit als Perfektion der Einheit des Systems sich auf die gesamtgesellschaftlichen Anforderungen an das Recht bezieht und daß die Dogmatik die rechtssysteminterne Ebene darstellt, auf der diese Anforderungen respezifiziert und operationalisiert werden. Dogmatik ist danach die systeminterne Fassung einer Komplexität, die als Einheit nur vorstellbar wird, wenn man das Rechtssystem auf seine gesellschaftliche Umwelt bezieht.

Damit wird zugleich fraglich, ob man in der Gerechtigkeit eine Art Norm der Normen sehen kann, die selbst als Relationierungskriterium dient. Eher scheint es sich um einen Gesamtausdruck für adäquate Komplexität des Rechtssystems zu handeln. Selbst wenn man die Vorstellung der *Normierbarkeit* von Konsistenzanforderungen wieder aufgeben muß, bleibt damit der *Problembezug* Dogmatik – Gerechtigkeit erhalten. Die Komplexität des Rechtssystems aber wird in seiner dogmatischen Begrifflichkeit geordnet. Dogmatische Begriffe können, im Unterschied zum Rechtskriterium der Gerechtigkeit, nur für jeweils beschränkte Fallgruppen Geltung beanspruchen, nur jeweils einen Teil der Rechtsentscheidungen beeinflussen, und können gerade deshalb ohne Rücksicht auf die Geltungsbedingungen von Gesamtaussagen und All-Sätzen spezifiziert werden. Darin liegt der Vorteil der überlieferten Lösung unseres Problems, Gerechtigkeit und Rechtsdogmatik zu unterscheiden und sie dann durch das Postulat, auch die Dogmatik solle gerecht sein, aufeinander zu beziehen.

Auf diesen Ansatz ist es zurückzuführen, daß die Rechtsdogmatik beim einzelnen Rechtsinstitut ihren Ausgang genommen hat und von dort den Weg zu begrifflichen Abstraktionen mit klassifikatorischer, einteilender und zuordnender Funktion gesucht hat. Diese Option harmoniert mit einem auf Analyse und Klassifikation abstellenden Systemdenken in der Rechtswissenschaft. Dogmatisierung und Systematisierung haben sich deshalb in einem Zuge entwickelt, sich wechselseitig anregend und bestätigend[36]. So mochte es als ausreichend erscheinen, die Rechtsanwendung, also die variable Beziehung von Programm und Entscheidung, nur begrifflich zu kontrollieren und hinter dieser Kontrolle auf die Gerechtigkeitskontrolle der Begriffe zu reflektieren.

6. *Innerhalb* des Rechtssystems wird jenes problematische Verhältnis von Einheit und Komplexität des Systems (oder von Gerechtigkeit und Dogmatik) in die Form von *Kriterien* gebracht. Kriterien dienen im Falle des Rechts der Differenzierung von Recht und Unrecht. Sie sind gerecht in einem formalen Sinne, wenn sie dabei die Einheit von Recht und Unrecht gewährleisten; das heißt: wenn sie das Recht im Hinblick auf das Unrecht und das Unrecht im Hinblick auf das Recht fixieren – und nicht etwa im Hinblick auf Geld oder Macht, auf Freundschaften, Schichtenzusammenhänge, eigene Bedürfnisse. Zur Bildung von Kriterien der Zuteilung von Recht und Unrecht kann es daher erst kommen, wenn das Gesellschaftssystem

so weit entwickelt ist, daß es sich die Ausdifferenzierung eines Rechtssystems leisten kann, das das Recht nach rechtseigenen Gesichtspunkten behandelt. Dann können Kriterien die Einheit der Disjunktion von Recht und Unrecht in den Entscheidungsprozeß einführen.

Dabei ist davon auszugehen, daß nach heutigen Vorstellungen die Ganzheit des Systems weder eine Erzeugungsregel noch ein Selektionskriterium *sein* kann[37]; sie muß aber in der Form von Kriterien angemessen *repräsentiert* werden. Was dabei »angemessen« ist, hängt vom Stande der Entwicklung und der Komplexität und damit letztlich vom Grade der gesellschaftlichen Ausdifferenzierung des Systems ab[38]. In Systemen, die zweiseitig-kontingente Relationen zulassen, müssen Kriterien sich als Bezugspunkte der Relationierung solcher Relationen eignen. Sie müssen dazu hinreichend abstrakt sein, dürfen zum Beispiel nicht in der Rechtserwartung selbst bestehen, geschweige denn im schlichten Urteil über gutes und schlechtes Verhalten. Formal gesehen, bestehen Rechtskriterien bisher in Regeln der Differenzierung von Gleichem und Ungleichem, um so die gleiche Behandlung des Gleichen und die ungleiche des Ungleichen zu ermöglichen. Eben deshalb wurde die Einheit des Rechtssystems im Gedanken der Gerechtigkeit hypostasiert. Wir werden die Frage diskutieren müssen, ob diese Form der Rechtskriterien durch Orientierung an Folgen der Rechtsanwendung ersetzt werden kann.

7. Bei einer soziologischen Betrachtungsweise ist schließlich eine leistungsfähige Rechtsdogmatik vor allem in ihrer Funktion für die *Erhaltung der Ausdifferenzierung* des Rechtssystems von Bedeutung. Das geschieht unter der Idee, daß das Recht nach rechtseigenen Kriterien zu behandeln sei – eine keineswegs selbstverständliche, vielmehr gesellschaftlich höchst unwahrscheinliche Intention. Die mit dieser Funktion eingeführten dogmatischen Figuren haben ihren primären Halt in ihren wechselseitigen Beziehungen, Komplementaritäten, Substitutionsmöglichkeiten – daher die Tendenz zur Systematisierung. Ihre Stellung im Entscheidungsprozeß kann nicht schlicht instrumental als Hilfe zur Verbesserung von (wie immer bewerteten) Entscheidungsleistungen begriffen werden. Vom Rechtssystem her gesehen ist sie doppelsinnig: Begriffe dienen der Entlastung von Reflexion und der Ermöglichung von Reflexion; sie können als Antworten und eben deshalb auch als Fragestellungen benutzt werden[39]. Sie garantieren nicht ihre eigene Perfektion, geschweige denn die der aus ihnen abgeleiteten Entscheidung – das soll angeblich der Irrtum der Begriffsjurisprudenz gewesen sein –, sondern sie organisieren nur Entscheidungsfreiheiten im Wege der Ne-

gation von mancherlei Sinnzumutungen[40]. So vermehren – nicht vermindern! – sich mit der begrifflichen Ausarbeitung des Rechts auch die Schwierigkeiten des Entscheidens – genauer gesagt: die Möglichkeiten, sich das Entscheiden zu erschweren. Ohne Dogmatik hat man gar nicht diese Wahl, sondern kann überhaupt nur einfach entscheiden[41].

Nun wäre es sicher nicht zutreffend, eine hochabstrakte begriffliche Verarbeitung des Rechtsstoffes unter diesem Gesichtspunkt der Ausdifferenzierung für gesellschaftlich unerläßlich zu erklären. Es ist nicht einmal geklärt, ob und wie weit die moderne Gesellschaft auf Ausdifferenzierung des Rechts angewiesen bleiben wird. Außerdem mag die schiere Unübersichtlichkeit der Normmenge in gesetzgebungsintensiven und der maßgebenden Entscheidungen in kasuistischen Rechtsordnungen die gleiche Funktion erfüllen und die bleibende Ausdifferenzierung des Rechtssystems gewährleisten. Es gibt funktionale Äquivalente für Dogmatik, anders wären auch die beträchtlichen Unterschiede verschiedener Rechtsordnungen im Grade ihrer Dogmatisierung gar nicht zu erklären. Nur eine sehr viel detailliertere Analyse der Strukturen des Gesellschaftssystems könnte daher klären, ob und wie sich das Gesellschaftssystem in anderen Funktionsbereichen, namentlich in Erziehung, Wirtschaft und Politik, auf die Variable Dogmatisierung des Rechtssystems einstellen kann. Wir können im folgenden nur auf die umgekehrte Frage eingehen: ob und wie unter gegebenen gesellschaftsstrukturellen Bedingungen eine Rechtsdogmatik und eine durch sie gesicherte Differenzierung des Rechtssystems überhaupt noch möglich ist.

Die Frage nach der Zukunft rechtsdogmatischer Relationierungskontrollen ist die Frage nach den gesellschaftlichen Bedingungen, unter denen sie funktioniert hatten und weiterhin funktionieren könnten. Mit schärfster Abstraktion hätte man zu fragen, wie bei zunehmender Komplexität und Kontingenz des Gesellschaftssystems die Anforderungen an die Kriterien und die Techniken der Relationierung sich ändern[42]. Eine solche Veränderung tangiert mit Sicherheit Perfektionsvorstellungen und Negationsverbote, tangiert daher auch, wie ich an anderer Stelle zu zeigen versucht habe, das Kriterium der Gerechtigkeit[43]. Gerechtigkeit kann heute nicht mehr als oberste Rechtsnorm, sondern nur noch als Ausdruck für adäquate Komplexität des Rechtssystems begriffen werden, nämlich als Gebot, die Komplexität zu erhöhen, soweit dies mit konsistentem Entscheiden vereinbar ist. Eine solche Regel verändert wiederum den Ausgangspunkt für die Frage nach gerechten Begriffen, gerechten dogmatischen Problemlösungen und Theorien, gerechter Dogmatik.

III Klassifikationsfunktionen

Wir gehen nunmehr über zu einer systemtheoretischen Diskussion dogmatischer Kontrollen der Rechtsanwendung. Dabei geht es uns nicht um die Systematisierung der Rechtssätze oder der dogmatischen Begriffe, sondern um das System des mit Recht befaßten Verhaltens. Die dogmatischen Begriffe, Theorien, Erkenntnisse *sind* nicht das System, sie *steuern* das System des Rechts. Wir müssen die Anhaltspunkte der Analyse daher außerhalb der dogmatischen Systematik gewinnen: in den gesellschaftlichen Funktionen des Rechts und des Rechtssystems.

1. Im Hinblick auf die Gesellschaft als Ganze gesehen, erfüllt das Recht umfassende Funktionen der Generalisierung und Stabilisierung von Verhaltenserwartungen[44]. Bei der Ausdifferenzierung eines besonderen Rechtssystems werden diese Funktionen – wenn man rein induktiv von der bisherigen Rechtsentwicklung her urteilt – unter einem ganz spezifischen Blickpunkt erfaßt und abgesondert, nämlich unter dem Gesichtspunkt der Konfliktregulierung durch ein *nachgeschaltetes System der Konfliktentscheidung*[45]. Nicht alles, was das Recht ist oder leistet, ist allein damit schon Teil des Rechtssystems. Ausdifferenzierung erfordert vielmehr die Einrichtung eines besonderen Sozialsystems, dem eigenes Handeln zugerechnet werden kann; und dies ohne Einschränkung der gesellschaftsweiten Relevanz des Rechts. Dabei muß die diffuse gesellschaftliche Funktion des Rechts unter engeren, systembildenden Gesichtspunkten *rekonstruiert* werden. Das ermöglicht es zugleich, innerhalb relativ *weiter* Zeithorizonte in bezug auf Verhalten im Rechtssystem *spezifizierte* Erwartungen zu hegen. In diesem Sinne gewinnt das Verhältnis von gesellschaftlichem Rechtsleben und Rechtssystem die Form der Antizipation etwaiger Konfliktentscheidungen, die als *Möglichkeit* vergegenwärtigt werden und für den Konfliktfall mit *Sicherheit* in Aussicht stehen[46].

Mit dieser Antizipation und Nachschaltung der Entscheidungspraxis des Rechtssystems hängt deren Orientierung an *Regeln* eng zusammen. Der Gebrauch von Regeln hat manche Vorteile, zum Beispiel im Bereich des Lernens und im Bereich des Gedächtnisses. Unter systemfunktionalen Gesichtspunkten ist außerdem wesentlich, daß *Regeln auf kontingent anfangende Prozesse anwendbar*, also mit Willkür und Unkontrollierbarkeit des Anfangens kompatibel sind.

Dank seiner Regeln kann das Rechtssystem daher, obwohl es in der gesellschaftlichen Wirklichkeit gar keine Willkür des Anfangens gibt, eine Willkür des Anfangs einer Rechtssache unterstellen und damit »Fälle« aus der Realität zur Entscheidung herausschneiden. Dies ist eine unerläßliche Vorbedingung für eine eindeutige Differenzierung von Recht und Unrecht, weil ein Zurückgehen hinter willkürlich gesetzte und zugerechnete Anfänge den Rechthabenden wieder ins Unrecht setzen würde und den Unrechthabenden wieder ins Recht[47].

2. Aus dieser besonderen Stellung des Rechtssystems in der Gesellschaft lassen sich Rückschlüsse ziehen auf die Stellung und die Funktion dogmatischer Regeln. Wir verwenden dazu ein allgemeines systemtheoretisches Modell, nach dem informationsverarbeitende Systeme mit ihrer gesellschaftlichen Umwelt doppelt, nämlich durch Input und Output, verbunden sind. Die Regeln, an denen das System sich orientiert und mit denen es die Entscheidungsrelevanz der Umwelt begrenzt, leiten die Transformationen von Input in Output. Diese Unterscheidung von Input und Output ermöglicht es, die im vorigen Kapitel unternommene Analyse der Funktion und Stellung juristischer Dogmatiken in wichtigen Hinsichten zu verfeinern[48].

Allgemein gesehen, ist die Differenzierung von Input- und Outputfunktionen eine Folge der Ausdifferenzierung des Systems in zeitlicher Hinsicht: Die Verselbständigung eines Systems bedeutet nämlich, zeitlich gesehen, daß Ereignisse im System nicht mehr mit Ereignissen der Umwelt zusammenfallen, sondern vor ihnen liegen oder auf sie folgen, daß sich also speziell für das System die Zeithorizonte der Vergangenheit und der Zukunft trennen[49].

Damit ist nichts darüber ausgemacht, ob und in welchem Umfange dieser Unterscheidung von Input und Output oder Vergangenheitshorizont und Zukunftshorizont eine systeminterne Differenzierung entspricht. Es wird zum Beispiel kaum je sinnvoll sein, Informationsempfänger und Ergebnisabsender rollenmäßig zu trennen (außer vielleicht bei rein subalternen Funktionen), und allenfalls sehr komplexe Systeme werden sich den Luxus von Spezialisten für Vergangenheitsforschung oder für Zukunftsforschung leisten. Eine andere Frage hat größeres praktisches Gewicht, nämlich ob es in Systemen Schwerpunkte der Orientierung an der Input-Grenze oder an der Output-Grenze gibt und welche strukturellen Konsequenzen eine solche Schwerpunktwahl hat.

Selbstverständlich gibt es für jedes ausdifferenzierte System immer beides: Input und Output, Horizonte der Vergangenheit und der Zukunft. Aber die Relevanz und die Problematik und die Tiefenschärfe des Interesses an der Ausarbeitung von Umweltinformationen kann in der einen oder anderen Richtung variieren. Ein Schwerpunkt an der Input-Grenze würde bedeuten, daß das System seine Funktion primär durch sorgfältige Aufnahme und Verarbeitung eingegebener Informationen erfüllt mit relativer Indifferenz gegen die Folgen, die es damit auslöst. Ein Schwerpunkt an der Output-Grenze würde bedeuten, daß das System sein Hauptproblem in der Erzeugung bestimmter Wirkungen in der Umwelt sieht, und sich Informationen als Mittel zu diesem Zweck, also nach Maßgabe eines spezifischen Wirkungsinteresses beschafft. Ein Schwerpunkt an der Input-Grenze müßte also, gesamtgesellschaftlich gesehen, durch erlaubte Indifferenz gegen Folgen abgesichert sein; ein Schwerpunkt an der Output-Grenze durch erlaubte Freiheit der Mittelwahl, also etwa durch Geld.

Über die systemstrukturellen Konsequenzen solcher Schwerpunktbildungen lassen sich aus den Ergebnissen einer psychologischen Untersuchung von Robert B. Zajonc[50] wichtige Hypothesen gewinnen. Die Untersuchung setzt voraus, daß psychische Systeme in ihren kognitiven Strukturen ein sehr verschiedenes Operationsniveau annehmen können je nachdem, was der Kommunikationsprozeß von ihnen verlangt[51]. Die Differenzierung erfolgt unter einem Gesichtspunkt, der dem Input/Output-Modell der Systemtheorie verwandt ist, nämlich danach, ob jemand Kommunikationen empfängt und sich auf ihre Selektivität einstellt (Input) oder ob er Kommunikationen selbst auswählt und sendet (Output). Die Ergebnisse deuten darauf hin, daß für den Empfang von Informationen über fremde Selektionen und für ihre erlebnismäßige Verarbeitung eine geringere kognitive Komplexität erforderlich ist als für die eigene Selektion einer kommunikativen Handlung. Je nachdem, ob die momentane Orientierung schwerpunktmäßig in der Verarbeitung eingehender Informationen oder in der Selektion eigener Kommunikationen liegt, wird ein unterschiedliches Operationsniveau der kognitiven Struktur psychischer Systeme aktiviert.

Im einzelnen unterscheidet Zajonc verschiedene Dimensionen kognitiver Strukturen. Wir übersetzen frei[52], um zugleich die Übertragbarkeit auf Probleme der dogmatisch gesteuerten Informationsverarbeitung zu verdeutlichen. Zu unterscheiden sind: (1) die Größe des Systems, zum Beispiel Zahl der Attribute, Zahl der Entscheidungen; (2) die Verschiedenartigkeit, nämlich die Unterschiedlichkeit der vorkommenden Klassen von Elementen oder der Kategorien; (3) der Grad der Interdependenz im Sinne der Abhängigkeit der Elemente voneinander; und (4) der Organisationsgrad des Systems im Sinne des Ausmaßes, in dem einzelne Teile das Ganze kon-

Merkmale eines Betruges erfüllt oder nicht? Gerecht ist eine Entscheidungspraxis, die solche Fragen »ohne Ansehen der Person«[58] nach systemeigenen Gesichtspunkten entscheidet und gegebenenfalls auch auf die Festlegung dieser Gesichtspunkte wiederum dieses Kriterium der Gleichheit/Ungleichheit anwendet. Bewertet wurde damit, soziologisch gesprochen, eine *universalistische* Entscheidungspraxis im Unterschied zu einer *partikularen* Praxis, die sich von fallweise herstellbaren besonderen Beziehungen zwischen Entscheidendem und Betroffenem abhängig macht (z. B. von Geschenken, Verwandtschaft oder Bekanntschaft, Befürchtung von Nachteilen usw.)[59]. Eine universalistische Orientierung ermöglicht eine Erwartungsbildung auch gegenüber noch unbekannten Personen, für noch unbekannte Situationen und für relativ kontextfrei fixierte Motive. Sie ist daher von entscheidender Bedeutung für die Entwicklung komplexerer Gesellschaften, die weitere Zeithorizonte und höhere Unsicherheiten tragbar machen müssen. Es kam also in erster Linie darauf an, den unmittelbaren Druck gesellschaftlicher Kräfteverteilungen auf das Rechtsystem über partikulare Verflechtungen an der Input-Grenze abzuschwächen – mit anderen Worten: das Rechtsystem an dieser Grenze auszudifferenzieren. Dieses Problem wurde im Gerechtigkeitsideal bewertet, und der Entwicklungserfolg wurde in der juristischen Dogmatik fixiert.

4. Innerhalb der Rechtswissenschaft vollzieht sich seit etwa hundert Jahren eine Rebellion gegen diese Grundorientierung. Entwicklungsgeschichtlich gesehen hängt dies zusammen mit der Abnahme des Vertrauens in das Prinzip der Vertragsfreiheit als eines Instruments der Folgenkontrolle. Interessenjurisprudenz, soziologische Jurisprudenz, teleologische Auslegungsmethode, »social engineering« approach, realistisches Rezeptdenken, die Sorge um die Effektivität des Rechts und neuestens die Forderung eines gesellschaftspolitischen Engagements der Juristen liegen insofern auf einer Linie und akkumulieren sich heute zu einem sich rasch verstärkenden und radikalisierenden Trend. Es fehlt jedoch ein theoretischer Bezugsrahmen, der die Reflexion und Kontrolle dieses Trends ermögliche. Es genügt nicht, bloße Radikalität schon als Reflexion auszugeben; man schafft damit nur ein Symptom mehr für das offensichtliche Defizit. Mit Hilfe des vorgeschlagenen systemtheoretischen Bezugsrahmens läßt der angegebene Trend sich zusammenfassend begreifen als Versuch der Umorientierung von der Input-Grenze auf die Output-Grenze. Der Primat der Input-Orientierung soll durch einen Primat der Output-Orientierung ersetzt werden, das Rechtssystem soll auf seine gesellschaftlichen Folgen ausgerichtet, durch seine Folgen kontrolliert werden. Wertungen und Rechtssätze seien, so wird

gesagt, nur durch ihre *Folgen begründbar*[60]. Aber ist das möglich? Ist eine solche Wendung mit der Funktion des Rechts und mit der Ausdifferenzierung des Rechtssystems zu vereinbaren? Und kann sie durch Korrekturen an der herkömmlichen Dogmatik – etwa im Sinne von neuen juristischen Erfindungen – erreicht werden oder erfordert sie ein völlig anderes Instrumentarium, das nicht aus der vorhandenen Dogmatik entwickelt werden kann? Und liegt gar hier der Ansatzpunkt für eine juristische Verwendung sozialwissenschaftlicher Forschungsergebnisse?[60a].

Die Beantwortung dieser Fragen hängt selbstverständlich ab von dem Anspruchsniveau, das man in bezug auf Dogmatik vertreten will bzw. angesichts der gesellschaftlichen Lage des Rechtssystems für vertretbar hält. Davon abgesehen sind jedoch gewisse Folgen des Einbaus der Folgenorientierung in eine vorherrschend klassifikatorische Rechtsdogmatik schon deutlich zu beobachten und mitzureflektieren. Die Folgenorientierung zersetzt die Klassifikationsinstrumente. Die zur Klassifikation von Tatbeständen und Rechtsproblemen erforderliche Breite der Typisierung geht verloren, sobald man fallweise nach Folgen fragt. Eine relativ einfache, rasch praktizierbare Qualifikation komplexer Sachverhalte ist dann nicht mehr möglich. Die Begriffe müssen auf Verwendungskontexte *geringeren* Abstraktionsgrades relativiert werden. Die Folgen des Begriffs der Willenserklärung oder des Rechtsinstituts der ungerechtfertigten Bereicherung lassen sich in dieser Abstraktionslage nicht ausmachen. Bei folgenbewußtem Gebrauch dienen Begriffe allenfalls noch als Einstieg in die Fallanalyse. Gerade das erschwert wiederum ihre Kritik vom Ergebnis her, sie erscheinen für Kritik als zu abstrakt, als bloße Dachformeln für heterogene Sachverhalte. Dies gilt besonders dann, wenn man angesichts von unannehmbaren Resultaten der Begriffsanwendung nach anderen, aber juristisch gleichwertigen Resultaten sucht[60b]. Die Folge ist, daß eine juristische Kritik der dogmatischen Klassifikationsinstrumente unterbleibt und man nur noch auf methodologischer Ebene oder gar nur ideenpolitisch gegen Begriffsjurisprudenz argumentiert.

Diese Erscheinung bestätigt die systemtheoretische These, daß Input-Grenze und Output-Grenze unterschiedliche Anforderungen an die Struktur eines Systems stellen, die nur auf einem nochmals erhöhten Abstraktionsniveau integrierbar wären. Sie besagt noch nichts darüber, ob und wie ein solches Abstraktionsniveau im Sonderfalle der Dogmatik des Rechtssystems erreichbar wäre.

IV Folgen als Kriterien?

Wenn wir unsere bisherigen Überlegungen zusammenfassen, dann spitzen sie sich auf eine Zentralfrage zu: Kann das Rechtssystem der heutigen Gesellschaft eine Rechtsdogmatik dadurch erhalten und fortentwickeln, daß es Folgen der Rechtsentscheidungen als Kriterien verwendet?

Diese Frage hat technische Aspekte, die vorweg geklärt werden müssen: Eignen sich Folgen überhaupt als Kriterien der Differenzierung von Recht und Unrecht im oben erörterten Sinne, also als person- und wertungsunabhängige (universalistische) Gesichtspunkte der Relationierung von Rechtsanwendungsrelationen? Kann überhaupt die Zuteilung von Recht und Unrecht von ihren eigenen Folgen abhängig gemacht werden? An dieser Frage hängen darüber hinaus die Tendenzen zur Umorientierung des Rechtssystems von der Input-Grenze zur Output-Grenze; an ihr hängt die allgemein akzeptierte Kritik einer bloßen Klassifikations- und Subsumtionstätigkeit des Juristen; an ihr hängt das, was gegenwärtig als guter juristischer Stil empfunden, gelehrt und praktiziert wird, nämlich das Argumentieren vom Ergebnis her. Gerade das Beste an juristischer Kunst und Überzeugungskraft steht also in Frage. Und die Frage lautet letztlich, ob eine über Folgenerwägungen aufgebaute Dogmatik in der Lage sein wird, die gesellschaftliche Ausdifferenzierung des Rechtssystems auch in einer hochkomplexen Gesellschaft zu erhalten und in diesem System eine eigenständige »Gerechtigkeitspolitik« zu treiben.

1. Juristen haben, weil ihnen die Orientierung an der wirtschaftswissenschaftlichen, politikwissenschaftlichen oder soziologischen Planungsdiskussion fernliegt, im allgemeinen wenig Verständnis für die Dimensionen dieses Problems. Eine Auseinandersetzung mit dem Arrow Theorem[61], die Schwierigkeiten der Aggregation von Folgenbewertungen betreffend, gehört zum Beispiel in der juristischen Literatur zu den Ausnahmeerscheinungen[62]. Es kommt hinzu, daß bei einem Wechsel juristischer Denkfiguren oft nicht auf der Hand liegt, in welche Probleme im Folgenbereich man sich verstrickt. Zur Verdeutlichung ihrer dogmatischen Implikationen soll unsere Fragestellung deshalb zunächst an einem Beispiel wiederholt werden. Wir wählen dafür ein rechtsdogmatisch völlig ungeklärtes

Problem: das Verhältnis des Regel/Ausnahme-Schemas zur sogenannten Interessenabwägung.
Es gibt zahlreiche Normbereiche, in denen Rechtssätze als Regeln formuliert werden, von denen Ausnahmen zugelassen werden. Mit Hilfe dieses Regel/Ausnahme-Schemas kann divergierenden Anforderungen an das Recht Rechnung getragen werden. Die Regel kann allgemein gelten und geachtet werden, ohne auf jeden Einzelfall angewandt zu werden. Das erfordert im Vergleich zu ausnahmslos geltenden Regeln einen höheren Grad an Abstraktion in der Regelbegründung, eine abstraktere Formulierung der ratio legis. Wenn das Abtreibungsverbot Ausnahmen erhält, kann es nicht mehr schlicht auf den Wert des (organischen) Lebens gegründet werden. Sobald ein Rechtssystem unter Regeln zu operieren beginnt, die Ausnahmen zulassen und zur Mitreflexion dieser Möglichkeit zwingen, ist eine Art struktureller Denk- und Abstraktionszwang eingebaut, der bei Konfrontierung mit der Realität des Rechtslebens im Laufe der Zeit zum Aufbau einer Dogmatik führt[63]. Dadurch ist das Regel/Ausnahme-Schema zu einem der wichtigsten Generatoren für Dogmatik geworden. Es bedarf als Form von Rechtsnormen jedoch selbst der Klärung durch dogmatische Theorien.
Trotz der Bedeutung dieser Figur fehlt es an einer dogmatischen Ausarbeitung, die es ermöglichte, ihre Funktion und die Reichweite und Schranken ihrer Anwendungsmöglichkeiten zu beurteilen[64]. Eine Möglichkeit weiterer Klärung ist der Vergleich mit Parallelerscheinungen. So kommt es bei starren, als ausnahmslos proklamierten Regeln zu Formen tolerierter Abweichung, zu »parajuristischen« Rechtsentwicklungen, wie Jean Poirier glücklich formuliert[65]. Daran ist ablesbar, daß das Regel/Ausnahme-Schema dem Abfangen notwendiger Illegalität dient: Es transformiert unter Beibehaltung des Vorrangs der Regel regelwidriges Verhalten aus dem Zustand des Verbotenen in den Zustand des Erlaubten; es »kodifiziert« gleichsam parajuristische Normbildungen, wobei diese entweder abschließend aufgezählt oder im Unbestimmten offengelassen werden.
Ein anderer Vergleich führt direkt auf unser Thema des Verhältnisses von Input-Grenze und Output-Grenze. Er betrifft das Verhältnis des Regel/Ausnahme-Schemas zur sogenannten Abwägungsregel im Sinne eines Gebots der Güterabwägung oder auch Interessenabwägung. Wenn man, wie es heute bester juristischer Stil ist, nach den unterschiedlichen Folgen verschiedener Rechtskonstruktionen fragt, verliert das Regel/Ausnahme-Schema seine Funktion. Man kann natürlich feststellen, welche Interessen durch die Anwendung der Regel und welche Interessen durch Zulassung einer Ausnahme

begünstigt bzw. benachteiligt werden würden; aber man kann nicht diese Auswirkungen selbst nun wieder mit Hilfe der Regel/Ausnahme-Schematik kontrollieren und zur Entscheidung bringen. Deshalb verfällt gerade gutes, folgenempfindliches juristisches Argumentieren der Tendenz, für das Regel/Ausnahme-Schema ein Abwägungsgebot schlicht zu substituieren.

In dieser Richtung führt der Weg von der Heiligkeit und Unauflösbarkeit der Ehe mit parajuristischen Begleiterscheinungen[66] über die Zulassung der Ehescheidung als Ausnahme hin zu einer Interessen- und Folgenabwägung beim Scheidungsbegehren, die dogmatisch nicht mehr (und soziologisch noch nicht) gesteuert werden kann. Selbst Normen, die sich explizit als Regeln geben, die Ausnahmen zulassen, werden heute zunehmend als Abwägungsgebot interpretiert – so bekanntlich im Bereich der Grundrechte[67] –, ohne daß die dringend erforderliche Vorklärung des Verhältnisses dieser beiden Figuren erfolgt wäre. Dem Abstraktionszwang des Regel/Ausnahme-Schemas wird damit ausgewichen; die ratio legis von Abwägungsgeboten ist nur noch die Abwägung selbst. Notwendige dogmatische Arbeit wird übersprungen[68]. Der Grund dafür wird in einer – freilich an dieser Stelle unreflektierten – Zuwendung zur Output-Grenze liegen, ist also ein Moment jener allgemeinen Bewegung zu Interessenjurisprudenz, Rechtsgüterschutz, teleologischer Auslegung usw.

Das Regel/Ausnahme-Schema erleichtert die Kategorisierung der Fälle und der Informationen über Entscheidungsmöglichkeiten an der Input-Grenze und hatte darin seine Funktion. Es suggeriert die Zuordnung zur Regel als normal, und es fordert mehr oder weniger vortypisierte Auffälligkeiten des Falles, wenn ausnahmsweise eine Ausnahme gemacht werden soll. In die gleiche Richtung verweisen Unterschiede der Leichtigkeit von Entscheidungsbegründungen: Die der Regel folgende Entscheidung kann den schon ausgehobenen Kanal der Begründung durch die Regel benutzen; die Ausnahme muß innovativ begründet werden, und das nicht nur in sich selbst, sondern zugleich auch in ihrem Charakter als Abweichung von der Regel, zum Beispiel in ihrer Unschädlichkeit für die Regel. Das wird nur geschehen, wenn bereits der Fall hinreichend atypisch ist, hinreichend Suggestionswert für mögliche Begründung einer Ausnahme hat. Bei der Zuordnung – sei es zur Regel, sei es zu einer zuzulassenden Ausnahme – kann eine Orientierung an Typen hilfreich sein[69]. Vor allem müßten aber die Anforderungen geklärt (und notfalls legislativ entschieden) werden, die an die Zulassung einer zur Zeit noch unerkennbaren Ausnahme zu stellen sind. Dabei kann unter anderem auf besonders schwerwiegende, unnormale Folgen ei-

ner Regelanwendung abgestellt werden – zum Beispiel: schwerwiegende Gesundheitsschäden der Mutter bei strikter Einhaltung des Abtreibungsverbots.
Voraussehbare Folgen können hier gleichsam eine Signalfunktion haben, die den Entscheidungsprozeß von der Regel weg auf eine Ausnahme hinlenkt. Dazu reicht es aus, daß *einzelne* Folgen *offensichtlich unerwünscht* sind. Für die Entscheidung genügt dann die Negation dieses Negativen[70]. Ein ganz anderes Verhältnis zu den Auswirkungen verschiedener Entscheidungsalternativen hat die sogenannte Abwägungsregel. Bei ihr geht es zentral um das Wertverhältnis der Folgen verschiedener Entscheidungsalternativen. Das Gerüst, das der Entscheidungsprozeß am Unterschied von Regel und Ausnahme hat, fällt; es wird zumindest nicht mehr mitlegitimiert. Damit entfällt zunächst die Garantie, daß der Fall überhaupt aufgrund der Rechtslage entscheidbar ist. Gewährleistet ist, wie man der wirtschaftswissenschaftlichen Diskussion entnehmen kann, nur die Möglichkeit der Feststellung, daß eine mehr oder weniger große Menge von Entscheidungen bestimmten bewerteten »constraints« genügt[71]. Das ist ein für das Rechtssystem unannehmbares Ergebnis. Im Rechtssystem besteht Entscheidungszwang. Es bleiben drei Auswege: Entweder wird die Entscheidung im Detail (bis zur Computerreife) legislativ programmiert; oder es wird eine transitive Ordnung aller relevanten Werte postuliert; oder es wird opportunistisch verfahren, das heißt die Entscheidung aufgrund unbestimmter oder wechselnder Kriterien am Fall und nur für den Fall getroffen.
Jede dieser Lösungen hat ihre offensichtlichen Schwierigkeiten. Alle haben sie die Tendenz, ohne Rechtsdogmatik auszukommen. Ist das Zufall? Könnte es sein, daß Wertverhältnisse unter den Folgen einer Mehrzahl von Entscheidungsmöglichkeiten gar nicht dogmatisierbar sind? Oder wäre es gerade die Aufgabe einer Dogmatik neuen Stils, Regeln der Kombination dieser drei für sich allein jeweils schwierigen Auswege zu entwickeln, Kombinationen also verstärkter legislativer Programmierung mit begrenzter Transitivität und begrenztem Opportunismus? Und wenn ja, könnten solche Regeln in der hierfür notwendigen Abstraktionslage überhaupt für das Rechtssystem als Ganzes aufgestellt und konsistent zur Geltung gebracht werden?[72]
Es liegt auf der Hand, daß die heutige Rechtsdogmatik auf Begriffsentscheidung dieser Art nicht vorbereitet ist – unter anderem deshalb nicht, weil ihr jeder Kontakt mit den Fragestellungen und dem Schwierigkeitsbewußtsein der Wirtschaftstheorie fehlt. Der Übergang vom Regel/Ausnahme-Schema zu einem mehr oder weniger

vorgabefreien Gebrauch von Abwägungsregeln kann deshalb nur im Blindflug vollzogen werden – orientiert allenfalls an spezifischen »Ergebnissen«, auf die man im Einzelfall hinaus will. Er erfolgt ohne Kontrolle durch die Dogmatik. Die Diskussion dieses (bewußt zentral gewählten) Sonderproblems führt damit erneut vor die Frage, ob die Zukunft der Rechtsdogmatik in einer vorrangigen Orientierung am Output, an den gesellschaftlichen Wirkungen der Rechtsentscheidungen liegen kann.

2. Die Orientierung an Handlungsfolgen und damit die Orientierung an einer noch ungewissen Zukunft ist ein dominierender Grundzug der modernen Gesellschaft. Dies bringt Unsicherheit mit sich und macht Sicherheit, auch Rechtssicherheit, als Problem und als Wert zum Thema. Darauf beziehen sich Erkenntnis-, Darstellungs- und Organisationsbemühungen des ausdifferenzierten Rechtssystems. Der Bürger wird auf Voraussicht der Entscheidungen des Rechtssystems verwiesen. Eben deshalb kann aber das Entscheiden dieses Rechtssystems selbst nicht wiederum nur auf der Voraussicht seiner eigenen Folgen beruhen. Das würde den Bürger nötigen, Voraussicht vorauszusehen.

Die allgemeinen Schwierigkeiten einer Folgenvoraussicht und einer planenden Folgenbeherrschung in einigermaßen komplexen (= realistischen) Situationen sind zu bekannt, als daß sie hier der Erörterung bedürften[73]. Selbst darauf spezialisierte Organisationseinheiten finden sich typisch in Situationen, in denen das Eintreffen des Gegenteils wahrscheinlicher ist als das Eintreffen des Erwarteten und des Gewünschten[74]. Niemand wird ernstlich diese Problematik im Rechtssystem duplizieren wollen. Die Frage ist, ob und wie man davon loskommt. Wenn man Folgen als Orientierungs- oder gar Rechtfertigungsgesichtspunkte verwenden will, muß man über Scheuklappen verfügen, die verhindern, daß man alle Nebenfolgen, alle Folgen von Folgen, etwaige Schwelleneffekte aggregierter Folgen einer Vielzahl von Entscheidungen usw. in den Blick bekommt; man muß, um nur ein Beispiel zu geben, die aggregierten Effekte ignorieren dürfen, die sich daraus ergeben, daß nachteilige Rechtspositionen (etwa im Falle der Produzentenhaftung) über Preiserhöhung finanziert werden. Die Rechtfertigung durch Folgen beruht mithin auf einer vorausgesetzten Rechtfertigung solcher Scheuklappen. Diese Voraussetzung entzieht sich dem hermeneutischen Durchgriff auf ein Vorverständnis[75]. Und mit einer Bewertung der Folgen, ja selbst mit Wertkonsens ist ebenfalls nicht geholfen, weil das Problem schon in der Selektion der Folgen liegt, die zur Bewertung herangezogen werden.

Sieht man, daß Folgen stets künstlich isolierte Aspekte einer künftigen Wirklichkeit sind, verlagert sich das Problem der Rechtfertigung auf die Bedingungen solcher Isolierung – und damit zurück in die dogmatischen Grundlagen des Systems. Wenn überhaupt, muß also die Dogmatik die Verwendung von Folgenerwartungen als Entscheidungskriterien begründen und begrenzen – nicht umgekehrt. Folgenerwartungen sind nicht eo ipso Kriterien, sie müßten für diese Funktion eigens ausgewählt und präpariert werden[76], und die Frage ist noch unbeantwortet, ob und in welchem Umfange und unter welchen Kontrollen dies im Funktionskontext des Rechtssystems sinnvoll ist.

3. Um weiterzukommen, greifen wir nochmals auf die Unterscheidung von Input und Output zurück. Wir müssen zunächst genauer klären, worin – abgesehen von der rein zeitlichen Reihenfolge – der Unterschied liegt und worin sich vor allem die Umwelten des Systems an der Input-Grenze und an der Output-Grenze unterscheiden angesichts der Tatsache, daß es sich doch um eine einzige Gesellschaft, also um eine einzige soziale Umwelt des Rechtssystems handelt.

Der Unterschied liegt darin begründet, daß die Input-Grenze den Vergangenheitshorizont, die Output-Grenze den Zukunftshorizont des Systems bestimmt und daß die Zukunft, wie immer man sie faktorisiert, höhere Komplexität, nämlich mehr Möglichkeiten und vor allem mehr Interdependenzen aufweist als die Vergangenheit. Daraus ergeben sich unterschiedliche Vorgaben und unterschiedliche Anforderungen an die Entscheidungspraxis des Systems. Jedes Entscheidungssystem muß im Verhältnis zu einer übermäßig komplexen Umwelt *eigene Diskriminierungen und Interdependenzunterbrechungen einführen,* indem es Zäsuren annimmt, Zusammenhänge und Nichtzusammenhänge postuliert, dies und nicht anderes für relevant hält. Im Vergangenheitshorizont, der dieser Aufgabe durch Vorlage eigener Strukturen und Entscheidungen entgegenkommt, stellt diese Notwendigkeit weit geringere Anforderungen als im Zukunftshorizont. Um den Unterschied zu sehen, braucht man sich nur vor Augen zu führen, wie scharf die Ursachenkette nach rückwärts abgeschnitten wird, wenn man etwa prüft, ob ein Verwaltungsakt wirksam erlassen, ob Eigentum durch Besitzübergabe übertragen, ob eine Tat in Volltrunkenheit begangen worden ist; und wie unsicher demgegenüber die Beantwortung der Frage ist, in welchem Umfange man noch Wirkungen und Wirkungswirkungen bei einer Zukunftsplanung in Betracht zu ziehen hat und wie sehr mit jedem weiteren Wirkungskreis die möglichen Interdependenzen unter den Wirkungen zunehmen. An der Output-Grenze gegenüber der Zukunft muß ein Entscheidungssystem deshalb sehr viel schärfere Interdependenzunterbrechungen auf eigenes Risiko dem eigenen Entscheiden zugrunde legen, und dies ist der Grund, weshalb dogmatische Begriffsstrategien als Techniken des »social engineering« (Pound) versagen.

An der Input-Grenze kann sich die Dogmatik darauf stützen, daß Entscheidungsprobleme in der Form von Fällen auftreten. Am Fall lassen sich die in Betracht zu ziehenden Interdependenzen beschränken. Der Entscheidende geht von dem Zufall aus, daß ein Fall der Fall ist[77]. Die Einheit des Falles wird zwar erst vom Entscheidenden selbst mit Hilfe von Normen und dogmatischen Konstruktionsregeln konstituiert. Vorbedingung dafür aber ist eine Umwelt, die toleriert, fallweise behandelt zu werden. Dies ist auf doppelte Weise gewährleistet: dadurch, daß das Problem im Vergangenheitshorizont konstituiert wird und dadurch, daß es an Konflikte angeschlossen wird, die in der Gesellschaft schon punktualisiert auftreten. Aufgrund dieser Vorgaben wird der Fall, soweit entscheidungsnotwendig, dogmatisch konstruiert. Die dogmatische Konstruktion des Falles sichert die *Wiederholung der Entscheidungsmöglichkeit* in gleichen oder ähnlichen Fällen – und in diesem Sinne Gerechtigkeit. Dafür ist die Zukunft nur als *generalisierte Vergangenheit* relevant. Eben deshalb ist es erträglich, daß die Dogmatik sich an die Thematik der Fälle bindet, sie nur unter höher generalisierte Allgemeinbegriffe faßt, aber nicht versucht, verschiedenartige, funktional äquivalente Leistungen zu einer Konzeption zu aggregieren. In Scheidungsprozessen geht es um Scheidung oder Nichtscheidung, aber, jedenfalls für die Dogmatik, nicht um ein Problem, das auch durch Schulungskurse in Sexualverhalten oder durch einen gemeinsamen Aufenthalt auf einer Südsee-Insel gelöst werden könnte. So hoch aggregiert die Dogmatik nicht.

Diese Vorgaben und Anspruchsbeschränkungen sind Bedingungen des klassifikatorischen Abstraktionsstils der Dogmatik und damit Bedingungen des Formats ihrer Begriffe und ihrer Leistungen. Die Kunstbauten juristischer Konstruktion sind davon abhängig, daß nicht zuviel von ihnen verlangt wird. An der Output-Grenze lassen diese Bedingungen sich nicht realisieren. Hier wird das System mit einer gegenwärtig offenen Zukunft konfrontiert. In der Zukunftsperspektive wird zum Beispiel häufig klar, daß die Beteiligten ihre Konflikte falsch thematisiert hatten und daß die thematisch vorgetragenen Beschwerden nicht die sind, deren Behebung die Zukunft gestalten oder auch nur die Konfliktgründe beseitigen könnte[78]. Deshalb kann man sich auch nicht darauf verlassen, daß die Gesellschaft überhaupt Fälle und Beschwerden produziert, deren Entscheidung die Zukunft in die gewünschten Bahnen lenken könnte[79].

Im Hinblick auf die Zukunft ist weder auf Umweltinitiativen noch auf gut konturierte Fälle, noch auf Konfliktsthemen Verlaß. Deshalb müßte die Dogmatik im Blick auf die Zukunft, wo es um Produktion von annehmbaren Resultaten in der gesellschaftlichen Wirklichkeit geht, eine andersartige Technik der Reduktion von Komplexität wählen, und die Frage ist erneut, ob das möglich ist, ob das in Formen möglich ist, die mit der Funktion des Rechts kompatibel sind, und ob etwaige Lösungen dieses Problems sich mit den Input-Kategorisierungen herkömmlichen Stils verbinden lassen.

4. Nach den bisher angestellten Überlegungen besteht wenig Hoffnung, daß die Folgenorientierung eine *konstitutive* Funktion für rechtsdogmatische Begriffs- und Theoriebildung gewinnen kann. Die zunächst im Hinblick auf die Komplexität des Folgenhorizontes erörterten Bedenken gegen einen solchen Vorschlag verstärken sich, wenn man rechtsspezifische Gesichtspunkte in Betracht zieht.

Von rechtlichen Regeln, die unter Ausschluß anderer Möglichkeiten eindeutige Ja/Nein-Entscheidungen ermöglichen sollen, kann man nicht zugleich erwarten, daß sie eine konkrete Wirkungskontrolle leisten. Im Verzicht darauf liegen gleichsam die Kosten einer binären Schematisierung des Entscheidungsprozesses[80]. Ein Entscheidungsprozeß, der unter solchen Regeln abläuft, wird den Regeln daher immer nur allgemeine Eigenschaften der Entscheidungen, Bedingungen ihrer Richtigkeit entnehmen können, nicht aber Informationen über Auswirkungen der Entscheidungen oder gar ihre Folgen selbst[81].

Ferner ist mit der nötigen Härte zuzugestehen, daß die Verfolgung von Zwecken im Prinzip ungerecht ist, weil sie den, der so handelt, in Verletzungen des Gleichheitsgebots verstrikt[82]. Man kann nicht rational nach bestimmten Wirkungen streben, etwa dem Verbrecher auf den rechten Weg zu helfen versuchen, und gleiche Fälle gleich entscheiden, weil die Wirkungsbedingungen im Einzelfall zu situationsabhängig sind, um Gleichheitserwägungen Raum zu lassen. Zwar besteht kein Verhältnis logischer Ausschließung zwischen Zweckstreben und Gerechtigkeit, dazu ist das Gleichheitsprinzip zu formal. Man kann sich immer auf den Standpunkt stellen, daß kein Fall dem anderen gleicht, ohne gegen das Gleichheitsprinzip zu verstoßen. Wenn auch Folgenbeherrschung und Entscheidungskonsistenz sich logisch nicht widersprechen, so divergieren aber doch die Ausarbeitungsinteressen in der einen bzw. anderen Richtung. Man kann nicht beides zugleich maximieren, nicht einmal beides zugleich verbessern wollen. In dem Maße als man auf Verträglichkeit verschiedenartiger Entscheidungen achtet, wächst die Komplexität der relevanten Folgen und Folgenbewertungen überproportional. Und umgekehrt wird, funktional gesehen, die Gerechtigkeit untergraben in dem Maße, als man zur Eingrenzung des entscheidungsrelevanten Folgenhorizontes Vergleichsmöglichkeiten eliminiert. Und das heißt soziologisch gesprochen, daß die Ausdifferenzierung des Rechtssystems an der Input-Grenze im Interesse gesellschaftlicher Wirkungen des Rechts zurückentwickelt wird. Man kann eine solche Entdifferenzierung wollen – vielleicht, weil man unter der Vorstellung leidet, daß das Recht der herrschenden Klasse diene. Aber man kann nicht zugleich behaupten, damit für eine gerechtere Gesellschaft zu kämpfen.

Diesen Bedenken könnte man andere anfügen – etwa die Feststellung, daß die im Hinblick auf die Ordnung unter den präferierten Folgen entworfenen Entscheidungstheorien für die juristische Entscheidung bisher unergiebig geblieben sind[83]; oder die simple Beobachtung, daß Richter sich in ihren faktischen Entscheidungsprozessen nicht systematisch, sondern nur gelegentlich in Zweifelsfällen an konkreten Folgen ihrer Entscheidungen orientieren[84]; oder auch die näher begründbare Vermutung, daß konsequent zweckorientierte Entscheidungssysteme eine sehr viel aufwendigere, fachlich und funktional differenzierte Organisationsform brauchten als das Rechtssystem sie – wiederum mit Rücksicht auf seine Offenheit für Input-Klassifikationen und auf den Gleichheitsgrundsatz – zur Zeit kennt. Auf die unterschiedlichen Anforderungen an kognitive Strukturen bei Inputverarbeitung bzw. Outputselektion waren wir oben (unter III.2) bereits eingegangen. Dem entsprechen unterschiedliche Anforderungen an organisatorische Differenzierung und an Personalausbildung und -selektion. Das ließe sich weiter ausarbeiten. Wichtiger erscheint es mir jedoch, das schlichte Faktum einer praktizierten Folgenorientierung nicht zu übersehen und dessen Stellenwert im dogmatisch gesteuerten Rechtssystem zu erörtern. Schon im Input/Output-Modell der Systemtheorie ist die Hypothese fixiert, daß bei allen Unterschieden der Problemorientierung kein System die eine bzw. andere Grenze ganz vernachlässigen kann. Unbestreitbar ist auch das faktische Zunehmen der Folgenempfindlichkeit in rechtswissenschaftlicher Literatur und Judikatur. Wenn diesen Tendenzen keine konstitutive, Dogmatik begründende Bedeutung zuzusprechen ist, so könnten darin doch wichtige Korrektiv-Funktionen liegen.

Solche Korrektiv-Funktionen für eine hochabstrahierte Dogmatik kristallisieren sich dort an, wo Techniken der Reduktion zu hoher Folgenkomplexität ausgebildet werden. Dafür gibt es im Rechtssystem verschiedene Möglichkeiten, die sich nicht auf eine Formel –

außer eben auf die einer Korrektiv-Funktion – bringen lassen. Auf die Verwendung von alarmierenden Einzelfolgen zur Begründung von Ausnahmen von einer Regel hatte ich oben (S. 34) schon hingewiesen. Andere Beispiele sind Internalisierung (5), Ebenendifferenzierung (6), Angliederung an inhaltlich nicht juridifizierte Zweckprogramme (7) und Einbau einer Art Zukunftsverantwortung in das Rechtsverhältnis selbst (8).

5. Wenn Juristen von »Ergebnissen« ihrer konstruktiven Entscheidungsüberlegungen sprechen, meinen sie zumeist gar nicht die Realfolgen in der gesellschaftlichen Umwelt, sondern nur die rechtlich fixierten Entscheidungen selbst mitsamt ihren unmittelbaren Rechtswirkungen. Entsprechend geht es bei der Abwägung unterschiedlicher Folgen von Rechtskonstruktionen vielfach nur darum, welche Entscheidungsmöglichkeiten sich an die eine bzw. andere Konstruktion anknüpfen lassen. Wir wollen diese Betrachtungsweise unter dem Stichwort der *Internalisierung* des Folgenproblems diskutieren. Das Rechtssystem beschränkt sich dabei nämlich auf die Berücksichtigung derjenigen Folgen, die seine Selektionen für es selbst haben – für die Bindung der eigenen gegenwärtigen und künftigen Entscheidungsmöglichkeiten.

Diese Art Folgenkontrolle kann beschrieben werden als *Transformation externer in interne Interdependenzen*. Das heißt: Für die unkontrollierbar komplexen Verflechtungen von Folgen und Folgesfolgen (die selbst für darauf spezialisierte Disziplinen wie Soziologie und Ökonomie die Zukunft sehr rasch unübersehbar werden lassen) werden Zusammenhänge von eigenen Entscheidungsmöglichkeiten substituiert. Darin stecken erhebliche, nach Bedarf steigerbare Entscheidungserleichterungen. Vor allem kann zwischen Entscheidungsmöglichkeiten leichter als zwischen Folgen ein Verhältnis wechselseitiger Ausschließung (Alternativität) postuliert werden[85]. Die Möglichkeiten, drei Monate, sechs Monate, neun Monate Gefängnis zu verhängen, schließen sich aus; ihre Folgen dagegen nicht unbedingt und nicht in jeder Hinsicht[86]. Ebenso können Anspruchskonstruktionen mitsamt ihren dogmatischen Apparaten (etwa Ansprüche aus unerlaubter Handlung oder aus Vertrag; aus § 826 BGB oder aus § 823 II BGB i. V. m. § 263 StGB; aus Anfechtung wegen Irrtums oder aus Rücktritt vom Vertrage) in ein Verhältnis wenn nicht logischer, so doch entscheidungs- und begründungstechnischer Alternativität gebracht werden. Unter Entscheidungsalternative verstehen wir dabei nicht nur die »binäre« Alternative der Entscheidung für oder gegen den Kläger bzw. den Angeklagten, sondern auch solche Rechtskonstruktionen, die Ansprüche bzw. Anspruchsbegründungen differenzieren, also auch solche Unterschiede, die nicht den Tenor, sondern die rechtliche Begründung des Urteils betreffen.

In dem Maße, als Entscheidungsalternativen sich mittels dogmatischer Konstruktion gegeneinander profilieren lassen, können auf dieser Grundlage Interdependenzen im Entscheidungssystem ermittelt werden, die sich auch auf andere Fälle erstrecken. Die Frage lautet dann: Welche Entscheidungsmöglichkeiten bzw. -unmöglichkeiten eröffne ich mir für andere, künftige Fälle, wenn ich mich in diesem Falle auf die eine oder andere Alternative festlege? Für die *Gewinnung* der (zumeist sehr geringen Zahl von) *Entscheidungsalternativen* (= juristisch möglichen Konstruktionen des Falles) und für die *Ermittlung ihrer Interdependenzen* im System (= ihrer Konsistenz mit anderen Entscheidungen) ist es zumeist nicht oder nur in sehr engem Rahmen erforderlich, auf die Realfolgen des Entscheidens außerhalb des Rechtssystems zurückzugreifen. Die Komplexität der Entscheidungssituation ist nicht von der Reduktion der Folgenkomplexität abhängig, die Entscheidungssituation wird überhaupt nicht von den Folgen her definiert. Vielmehr werden die Folgen nur in Betracht gezogen, wenn es gilt, Kriterien für die Entscheidung zwischen mehreren Alternativen zu gewinnen. Es handelt sich dann zumeist nur um Rechtsfolgen, jedenfalls um schon bewertete Folgen, wobei freilich nicht nur die Bewertung selbst, sondern auch die Wahrscheinlichkeit ihres Eintritts als Kriterium fungieren kann[87]. So präpariert, kann man »teleologisch« denken. Insofern gibt der Begriff der Teleologie und der teleologischen Methode das Selbst- und Arbeitsverständnis der Rechtsdogmatik angemessen wieder; das allein ist jedoch noch keine ausreichende Theorie der Dogmatik.

Man muß zunächst sehen, daß dies eine der Funktion und der Komplexität nach scharf limitierte Auseinandersetzung mit Realfolgen des Entscheidens außerhalb des Systems ist. Eine andere Form der Folgenberücksichtigung wäre im Rechtssystem entscheidungstechnisch kaum zu verkraften. Erst diese Behandlung von Entscheidungsfolgen erklärt, daß der Jurist sich Punkt-für-Punkt-Beziehungen zwischen einer Fallkonstruktion und einer Folge (oder einigen wenigen Folgen) vorstellen kann: Diese Konstruktion habe diese, jene habe jene anderen Folgen, und die Differenz rechtfertige die Wahl. Daß damit die Problematik der Output-Grenze heruntergespielt wird, liegt auf der Hand.

Systeme sind gerade dadurch und in genau dem Sinne Systeme, daß ihre Beziehungen zur Umwelt nicht auf Punkt-für-Punkt-Korrelationen beschränkt sind[88]. Eine juristische Dogmatik, die das Folgenproblem in dieser Weise internalisiert, verzichtet mithin darauf, den

Systemcharakter des Rechtsbetriebs im Verhältnis zur gesellschaftlichen Umwelt an der Output-Grenze zu reflektieren. Sie verwendet den Bezug auf Folgen demnach nicht zur Begründung der Systemidentität des Rechtssystems und zur Reflexion seiner Funktion, sondern nur als Korrektiv derjenigen Abstraktionen, mit denen sie die Entscheidungen primär steuert.

6. Ein weiterer Ansatzpunkt für eine juristische Domestizierung des Folgenproblems könnte in der Verwendung *unterschiedlicher Ebenen der Aggregation* von Folgen liegen. Mit Ebenendifferenzierung ist hier nicht die in manchen Hinsichten problematische und vor allem für die Rechtsdogmatik schwer akzeptierbare organisatorische Unterscheidung von Rechtssetzung und Rechtsanwendung gemeint. Vielmehr geht es um die Frage, ob sich, bei welchen Entscheidungen immer, Folgenvorausschau und Folgenbewertung unter höheren Gesichtspunkten zusammenfassen lassen. Diese Frage ist vor allem in der spätutilitaristischen Ethik diskutiert worden mit Hilfe der Unterscheidung von »act-utilitarianism« und »rule-utilitarianism«.

Die Unterscheidung dieser beiden Ebenen der Output-Kontrolle ist theoretisch relativ einfach zu formulieren (obwohl sie in der Literatur im einzelnen kontrovers ist)[89]. Vorausgesetzt ist in der gesamten Diskussion, daß die Folgen von Entscheidungen zu ihrer Rechtfertigung herangezogen werden müssen. Auf dieser Grundlage geht es dann um die Frage, ob das Entscheidungssystem nur die Folgen seiner *Einzelentscheidungen* in Betracht zu ziehen habe, deren Akkumulation zu Gesamteffekten den Strukturen oder Zufällen seiner gesellschaftlichen Umwelt überlassend; oder ob es diese Aggregation zumindest teilweise selbst vollziehen solle, indem es sich auch (oder nur!) um die Folgen der eigenen Orientierung an *Entscheidungsregeln* zu kümmern habe. Daher: act-utilitarianism versus rule-utilitarianism!

Nun schließt das eine das andere nicht aus; noch ist die übliche Annahme begründet, daß die Orientierung an Regelfolgen einfacher sei oder eine beschränktere Folgenorientierung sei als die Orientierung an Entscheidungsfolgen. An sich weitet ja die Regelorientierung den Umkreis der in Betracht kommenden Folgen aus, denn die Regel deckt eine unbestimmte Vielzahl von Entscheidungen. Zu vermuten sind daher sehr viel komplexere Beziehungen, und zwar in folgendem Sinne: Je *allgemeiner* die Entscheidungsregeln sind, an deren Folgen ein System sich orientiert, desto stärker müssen die zu berücksichtigenden Folgen zugleich eingeschränkt werden auf Folgen für das *eigene* künftige Handeln bzw. Entscheiden: *Je höher generalisiert, desto stärker internalisiert – und umgekehrt.* Ebenendifferenzierung ist demnach nur zusammen mit Internalisierung praktikabel. Zugleich macht diese Erwägung deutlich, daß in einem Entscheidungssystem, ja in ein und demselben Entscheidungszusammenhang, ein Fächer verschiedener Arten von konkreten oder generalisierten, externen oder internalisierten Folgen Berücksichtigung finden kann – aber nicht in beliebiger Verteilung der Werte, die die Variablen Generalisierung bzw. externe/interne Folgen annehmen. Vielmehr erzwingen die Grenzen der Entscheidungskapazität jene Verteilungsregel (die keineswegs identisch ist und nicht verwechselt werden darf mit der alten Unterscheidung von act-utilitarianism und rule-utilitarianism).

Wenn diese Hypothese zutrifft (die selbstverständlich empirisch mit allen möglichen Mitteln überprüft werden müßte), wären dadurch die klassischen Selbstbeschränkungen als Abstraktionsbedingungen der Rechtsdogmatik bestätigt. Die Möglichkeit, sich in juristischen Entscheidungsprozessen offen oder nebenbei an der Situation des Falles und an möglichen Auswirkungen dieser oder jener Entscheidungsalternative (etwa: der Mann wird arm, seine Familie muß darunter leiden) zu orientieren, bleibt durchaus erhalten; sie braucht juristisch nicht abgeschrieben zu werden, dürfte vielmehr auf einzelnen Rechtsgebieten (z. B. im Strafrecht, im Ehescheidungsrecht, vielleicht auch im Gesellschaftsrecht) eine gut legitimierbare Bedeutung besitzen. Gesellschaftspolitisch sollte sie indes nicht überschätzt werden und dogmatisch ist sie zumindest direkt nicht zu kontrollieren[90]. Denn die dogmatischen Figuren und Theorien verlieren in dem Maße, als sie zur Anwendung auf verschiedenartige Fälle generalisiert werden, die Fähigkeit, den Output konkret zu steuern. Natürlich *haben* sie alle Wirkungen: die Erfindung der »positiven Vertragsverletzung«, die »Zweikondiktionentheorie«, die verschiedenen Bemühungen um die Ausgrenzung des Motivirrtums bei der Anfechtung von Willenserklärungen oder um die Umgruppierung von Zurechnungs-, Rechtfertigungs- und Entschuldigungsgesichtspunkten im Strafrecht, die Versuche zur Abgrenzung von Normsetzung und Verwaltungsakt oder, um noch unser Desiderat anzufügen, eine Klärung des Verhältnisses der sogenannten »Abwägungsregeln« zum Regel/Ausnahme-Schema. Aber die Auswirkungen sind in den Dogmatik-Entscheidungen nicht direkt faßbar; faßbar sind, wenn überhaupt, nur die Entscheidungsmengen des Systems selbst, die durch dogmatische Begriffe und Theorien in der einen oder anderen Weise gruppiert werden. Nur in diesem Rahmen kann eine Dogmatik versuchen, durch stärkere Differenzierung ihrer Kategorien der Komplexität ihrer Umwelt Rechnung zu tragen[91].

Was bedeuten diese systemtheoretischen Einsichten nun für die Rechtsdogmatik? Um diese Frage beantworten zu können, greifen wir auf zwei frühere Feststellungen zurück, die wir unverbunden hatten stehen lassen. Die Funktion der Rechtsdogmatik ist zurückgenommen worden in die Relationierung von Relationen, in die Rückbeziehung doppelkontingenter Rechtsanwendungsbeziehungen aufeinander. Sie kann daher nur mit einem relativ abstrakten Begriffsinstrumentarium erfüllt werden. Sie ist andererseits unter die Zumutung geraten, sich an Folgen zu orientieren, weil alle Rechtfertigung heute letztlich zukunftsbezogen gedacht wird. Diese Zumutung kann aber nach allem, was wir inzwischen erörtert haben, keine solche der Optimierung oder des mehr oder weniger umfassenden Nutzenvergleichs sein. Sie kann nur in einem Vergleich von Entscheidungsmöglichkeiten bestehen, die sich als Folgen bestimmter Normauslegungen für verschiedenartige Fälle ergeben.

Man muß sich dabei jede *einzelne* fallbezogene Rechtsanwendung als eine *Mehrheit von Möglichkeiten* vorstellen, unter denen ausgewählt wird[92]. Mehrere Rechtsanwendungsfälle bilden demnach eine *Mehrheit von Mehrheiten von Möglichkeiten*. Diese Mehrheit ist demnach in Mehrheiten gebündelt, aber sie ist nicht ohne weiteres kollisionsfrei geordnet. Einzelne Möglichkeiten der Rechtsanwendung in einem Fall können einzelnen Möglichkeiten der Rechtsanwendung in anderen Fällen widersprechen. Man kann sich deshalb durch Entscheidung Möglichkeiten für andere Fälle verbauen – oder muß dann widerspruchsvoll entscheiden. Das Rechtssystem fordert, daß in jedem Fall zumindest eine Entscheidung möglich ist, die in jedem anderen Fall zumindest eine Entscheidungsmöglichkeit offen läßt. Darüber hinaus ist es Sache der Dogmatik, die Tragweite der Einschränkung des Möglichkeitsraums anderer Entscheidungen unter Kontrolle zu bringen. Das geschieht durch Identifizierung von Begriffen und von rationes legum, die möglichst gleichsinnig gehandhabt werden, *schließt aber keineswegs aus, daß die einzelnen Fallentscheidungen Folgen auslösen werden, deren Bewertungen sich widersprechen*. Die Dogmatik integriert das Rechtssystem nur auf der Ebene der Entscheidungsprämissen, die sie als Bestandteile ihrer Entscheidungen artikuliert und für künftige Fälle fixiert; sie leistet keine Folgenintegration in der Realität ihrer Umwelt.

Gerade darauf beruht, um dies noch anzufügen, der hohe Grad an Freiheit in der Interpretation von Texten und Erfahrungen, den eine Dogmatik gewährleisten kann. Sie engagiert sich nicht unrevozierbar in der gesellschaftlichen Realität; sie investiert nicht, was nur unter unannehmbaren Verlusten wieder auflösbar wäre. Sie legt sich nur auf der Ebene von Entscheidungsprämissen fest und hält ihre Ergebnisse damit nicht nur interpretierbar, sondern auch revidierbar – auf Kosten freilich von zeitbeständiger Konsistenz und Gerechtigkeit im Entscheidungssystem.

7. Weitere Überlegungen zur Reduktion übermäßiger Komplexität der Zukunft beziehen sich nur auf Teilbereiche der Rechtsdogmatik, die jedoch mit zunehmendem Gewicht der Zukunftsorientierung zunehmende Bedeutung für das Ganze gewinnen werden. Mit dieser restriktiven Tendenz wird man vor allem dem Verhältnis des Rechts zur Zweckorientierung begegnen müssen, nachdem die begrenzte Tragweite des Zweck/Mittel-Schemas heute deutlich erkennbar ist[93]. Hier gilt es, zwei Fragenkomplexe deutlich zu unterscheiden. Im einen Fall geht es darum, ob eine teleologische, an Realfolgen orientierte Rechtsauslegung als universell anwendbare Methode Zukunftsaussichten hat und eine Grundlage bietet für ein dogmatisches Verständnis der ratio legis. Man könnte auch fragen, ob sich ihre Ergebnisse überhaupt systematisieren lassen. Im anderen Falle geht es um ein neuartiges Problem, nämlich darum, ob es *rechtsdogmatische Direktiven für die Beschränkung von Zweckprogrammen* geben kann. Die teleologische Rechtsauslegung stellt eine extrem vereinfachte Folgenorientierung in den Dienst von Input-Klassifikationen. Mit der Kritik solcher Reduktionen ist über die Möglichkeit juristischer Kriterien für Zweckprogramme noch nicht entschieden. In dieser letzten Fassung wird das Problem heute vor allem im öffentlichen Recht aktuell[94].

Technisch gesehen setzt die Rationalisierungsmethodik des zweckprogrammierten Entscheidens einer juristischen Beschränkung durch Verbote oder Konditionierung keinen Widerstand entgegen. Sie ist gewohnt, mit »constraints« der verschiedensten Art und Herkunft zu rechnen. Das gibt ihr den Rahmen, in dem sie spezifische Wertrichtungen (z. B. Profit) zu optimieren sucht. Für klassische Vorstellungen von Privatwirtschaft lag darin kein Problem. Ein Problem entsteht, sobald zunehmende Systemplanung die »eigentlichen« Entscheidungen verlagert in die Festlegung der »constraints« für Zweckverfolgung und Optimierung und sich damit auch der Bereich verschiebt, in dem sinnvolle Bemühungen um Rationalität und gesellschaftliche bzw. juristische Kontrolle ansetzen können. In dem Maße, als dies geschieht, können Systeme nicht nur in ihrem Bestand, sondern auch in ihrer Entwicklung prinzipiell unabhängig davon werden, wer welche Wertrichtungen optimiert – im Sinne des Diktums von Herbert Simon: »If you allow me to determine the constraints, I don't care who selects the optimization criterion«[95]. Was würde der Jurist dazu sagen?

Die liberale Rechtstechnik, die Freigabe der Wahl des Optimierungskriteriums an bloße Nebenbedingungen zu knüpfen, hat vermutlich ihre Grenzen erreicht. Man kann solche Nebenbedingungen nicht beliebig vermehren, sondern muß schließlich einen höher aggregierten Ausdruck des Regelungsinteresses suchen. Dies setzt, soweit man es heute soziologisch beurteilen kann, Organisation voraus[96]. Dazu kommt, daß die Motive des Zweckstrebens und der Optimierung selbstgewählter Wertrichtungen nicht beliebig beschränkbar sind. Eine Politik zunehmender juristischer Konditionierungen kann sehr wohl auf einen Punkt zusteuern, an dem niemand sich mehr für seine Interessen interessiert: Eigentümer nicht mehr investieren, Jugendliche nicht mehr lernen, Bauern nicht mehr ackern, Verbrecher nicht mehr fliehen ... Dann braucht man Organisation zur Rekonstruktion von Motiven und zum Wiederingangbringen des Handelns. Die Vermutung liegt daher nahe, daß eine Rechtsdogmatik für Zweckprogramme sich auf organisierte Zweckverfolgung beziehen muß. Dafür könnten rechtswissenschaftliche Auseinandersetzungen mit der betriebswirtschaftlichen und der soziologischen Organisationstheorie Bedeutung gewinnen[97]. Andererseits wird die klassische Einteilung von Privatrecht und öffentlichem Recht zurücktreten. Auf einen wichtigen Aspekt dieses Problems, auf die begrifflichen und funktionalen Beziehungen von »Eigentum« und »Kompetenzen«, komme ich gegen Ende dieser Untersuchung nochmals zurück.

8. Ein letztes Beispiel für Folgenrelevanz im Recht gebe ich mit dem Vorschlag, sich über den *Einbau von Zukunftsverantwortung in das Rechtsverhältnis selbst* in der Rechtsdogmatik zusammenfassend Gedanken zu machen[98]. Bisher hat sich die juristische Thematisierung des Problems der Zeit im wesentlichen auf eine konditionale Verknüpfung von Ereignissen und Rechtsfolgen beschränkt, wobei als Kondition auch die Zeit selbst in der Form eines Zeitpunktes oder eine Zeitstrecke auftreten kann[98a]. Auch nach radikaler Verzeitlichung führender Problemstellungen in Philosophie und Gesellschaftstheorie, Wirtschaft und Politik, für die der Hinweis auf Hegel als Beleg stehen mag, schien es der Rechtstheorie der bürgerlichen Gesellschaft und der von ihr angeregten Dogmatik zu genügen, zwei Formen der Zukunftsorientierung zu kombinieren, nämlich 1) die soeben behandelte konditionierte Freigabe des Zweckstrebens und 2) die Sicherstellung der Erfüllung spezifizierter Verpflichtungen. Dem entsprach in Philosophie und Gesellschaftstheorie die Rekonstruktion von Kontingenz in der Doppelform von Freiheit und Zufall (bzw. dessen negativem Korrelat: Sicherheit). Die Erfahrungen mit diesem Gesellschaftstyp zeigen jedoch, daß in *sozialen* Beziehungen die Unbestimmtheit der Zukunft durch rationale Freiheits-

verwendung und durch Spezifikation von Erwartungssicherheiten nicht eliminiert, sondern nur noch gesteigert wird. Unter der sozialen Bedingung von »doppelter Kontingenz« (jeder kann anders und jeder weiß, daß der andere auch anders kann) ist die Unbestimmtheit von Zukunft nicht eliminierbar, sondern nur sozialisierbar. Sie läßt sich, mit anderen Worten, nicht auf konditionierte Präsenz reduzieren. Zeittheoretisch muß man dabei von einer Differenz der gegenwärtig erlebten Zukunft und den künftigen Gegenwarten ausgehen. Deren Nichtidentität ist unter anderem auch ein Rechtsproblem. Es muß daher geklärt und gegebenenfalls entschieden werden, wieweit ein im sozial gemeinsamen Gegenwartsleben konstituierter Zukunftshorizont die künftigen Gegenwarten der Beteiligten trotz jener Nichtidentität binden soll; oder wieweit es gerade rational und unverzichtbar ist, die Chancen dieser Nichtidentität zu nutzen und in künftigen Gegenwarten anders zu handeln, als in der gegenwärtigen Zukunft projektiert war. Schon aus der in aller Interaktion unvermeidlichen Tatsache der Projektion einer gemeinsamen Zukunft ergibt sich ein Interesse an Nichtbeliebigkeit, das die Rechtsordnung nicht übersehen kann. Das Problem ist nur, wieweit und unter welchen Abgrenzungsgesichtspunkten es sinnvoll ist, die daraus sich ergebende Zukunftsverantwortung auf das *einzelne* Rechtsverhältnis zu isolieren und sie damit trotz weitläufiger gesellschaftlicher Interdependenzen zu entpolitisieren.

Es gibt gesellschaftstheoretische Gründe, die eine so abstrakte Problemformulierung erzwingen[99]. Zugleich werden damit Möglichkeiten und Schwierigkeiten rechtsdogmatischer Problemzusammenfassung sichtbar, die den Rahmen bisheriger Erörterungen sprengen. Die verbreitete Vorstellung, daß das Recht sich in diesem Jahrhundert von einer individualistischen Prägung abwende und stärker soziale Formen annehme[100], ist nicht nur unzureichend, sondern schlicht falsch; denn selbstverständlich war das Recht immer ein Mittel sozialer Gestaltung. Richtig ist, daß bestimmte dogmatische Figuren wie Vertrag, Rechtsgeschäft, Willenserklärung, Gesetz, Verwaltungsakt das Problem nicht fassen, das künftige Kontingenzen in zeitlicher und sozialer Hinsicht aufwerfen[101]. Es ist daher kein Zufall, daß Problemformeln wie Vertrauen, Gefahr, Risiko in die Lücke springen, daß man die clausula rebus sic stantibus auszuschlachten sucht usw. Es gibt mithin einen allgemeinen Bedarf für dogmatische Kriterien, die die Zukunftsverantwortung in Rechtsverhältnissen steuern. Sie könnten über Gesichtspunkte der Transparenz, der wechselseitigen Nähe, der Versicherbarkeit, des Verfügens über Alternativen, der Aufmerksamkeitsschwellen usw. ausgearbeitet werden.

Selbst wenn es gelänge, für Zukunftsverantwortung in Rechtsverhältnissen dogmatische Regeln zu entwickeln und zu generalisieren, würden dies Teiltheorien für ein Spezialproblem sein. Die Rechtsdogmatik würde damit der Zukunftsoffenheit unseres Gesellschaftssystems durch eine veränderte Rechtsauffassung Rechnung tragen, nicht durch einen neuartigen Stil dogmatischer Begriffe und Kriterien. Statt sich selbst Kenntnis der Zukunft zuzumuten, würde die Rechtsdogmatik sich damit auf Unkenntnis, ja Unbestimmtheit der Zukunft in der Gesellschaft einstellen. Und das könnte die adäquatere Weise sein, auf die Zukunftsorientierung und die Zukunftsoffenheit des heutigen Gesellschaftssystems zu reagieren.

9. Als Fazit können wir festhalten, daß wir keine überzeugende Möglichkeit gefunden haben, eine Rechtsdogmatik zu empfehlen, die Folgen als Kriterien für Recht und Unrecht verwendet. Unter diesen Umständen besteht die Gefahr, daß ein Rechtssystem, dem eine gesellschaftspolitische Folgenorientierung zugemutet wird, seine dogmatische Selbststeuerung preisgibt und sich überhaupt nicht mehr an Kriterien orientiert, die das Entscheidungsprogramm transzendieren, sondern nur noch direkt an den Folgenerwartungen selbst. Das Auftauchen von folgenorientierten Scheinkriterien außerjuristischer Provenienz und dogmatisch nicht spezifizierbaren Inhalts – etwa »Zumutbarkeit«[102] – ist ein weiteres Alarmzeichen ersten Ranges. Man muß – nicht zuletzt aufgrund psychologischer Forschungen – damit rechnen, daß die Juristen dann mangels dogmatischer Kontrollen nicht mehr in der Lage sein werden, im Prozeß der Abwägung der Folgen ihrer Entscheidungen zwischen ihren wertenden Erwartungen und ihren Kriterien ausreichend zu differenzieren[103]; und damit würden die politische Kontrolle des Zugangs zur Rechtsentscheidung und die Personalauswahl derer, die über Recht und Unrecht entscheiden, zum Problem werden. Letzten Endes würde es dadurch sinnlos werden, zwischen den Disjunktionen von rechtmäßig/rechtswidrig und gut/schlecht noch zu differenzieren – eine Differenz, für die Sokrates gestorben ist.

V Gesellschaftsadäquate Rechtsbegriffe

1. Wenn wir einsehen müssen, daß sich aus der Orientierung an Folgen keine zureichenden Kriterien für die Differenzierung von Recht und Unrecht ergeben, stellt sich die Frage nur noch dringender: Woher denn sonst? Die Orientierung an Folgen erscheint sinnvoll als Korrektiv eines im Rechtssystem hochgetriebenen Abstraktionszwangs. Der Bedarf für eine solche Abstraktion ergibt sich an der Input-Grenze des Systems daraus, daß das Rechtssystem für jeden rechtlich relevanten Konfliktsfall eine Entscheidungsmöglichkeit bereitstellen muß. Er wird bestimmt durch zwei verschiedene Variablen – nämlich (1) durch den Umfang, in dem die Gesellschaft überhaupt Probleme unter Rechtsgesichtspunkten artikuliert, rechtliche Relevanzen konstituiert und Konflikte auf den Rechtsweg bringt[104]; und (2) durch den Umfang, in dem das Rechtssystem selbst Entscheidungsmöglichkeiten miteinander abzustimmen sucht (Anspruchsniveau in bezug auf Gerechtigkeit). Er ist also teils (wenn auch nicht zwingend) gesellschaftlich bedingt, teils im Rechtssystem selbst definiert. Dabei werden das Anspruchsniveau in bezug auf Gerechtigkeit im Rechtssystem, der Abstraktionsgrad der rechtlichen Dogmatik und der Umfang, in dem Rechtsfragen nach rechtseigenen Kriterien entschieden werden, nicht unabhängig von gesellschaftlichen Erwartungen festgelegt werden können, so wie umgekehrt diese Erwartungen an den im Rechtssystem sich bietenden Möglichkeiten ausgerichtet werden. Insofern sind die uns hier interessierenden Zusammenhänge immer auch historisch bedingt.
Systemtheoretisch folgt nun gerade aus der Variabilität von System und Umwelt, daß es in der Beziehung zwischen System und Umwelt Nichtbeliebigkeiten (Ordnung) geben müsse; anders wäre nicht einmal Variation möglich. Gerade im Hinblick auf jene doppelte Kontingenz von gesellschaftlichen Anforderungen an rechtliche Strukturierung der Lebensführung einerseits und rechtssysteminternen Anspruchsniveaus andererseits müssen sich Gesichtspunkte der Entsprechung definieren lassen – freilich abstrakt nur in konditionaler Form oder relativiert auf historisch bestimmte Systemlagen. Dabei könnte man an den Problemtitel Gerechtigkeit anknüpfen – Gerechtigkeit dann aber nicht mehr moralisch verstanden als handlungswirksame Tugend oder als Wert, sondern als Beziehung zwischen Rechtssystem und Gesellschaft, als adäquate Komplexität des

Rechtssystems[105]. Soll es Aufgabe der Rechtsdogmatik bleiben, »Gerechtigkeitsfragen in ihren Einzelbereichen juristisch operational zu machen«[106], müßte sie daher gesellschaftsadäquate Begriffe formulieren können. In solchen Begriffen kann die Rechtsdogmatik einen Rückhalt finden, den ihr Folgenrücksichten nicht zu geben vermögen.

Dieser Gedanke findet sich heute nicht selten in der Formulierung, daß soziale Fakten oder soziale Strukturen in »juristischen Modellen« eingefangen und in normative, entscheidbare Form gebracht werden müßten[107]. Die Modernität der Formulierung bezeugt die Lebendigkeit des Gedankens. Wichtig und für das Recht bedeutsam ist am Begriff des Modells die Betonung der Reproduzierbarkeit von Strukturen. Man wird mit dem Modellbegriff allein gleichwohl in Schwierigkeiten kommen; denn es handelt sich nicht um eine bloß verkürzte Wiedergabe unter Weglassung uninformativer Details, sondern um eine reduktive Selektion in systemspezifischem Interesse. Wir bleiben, vor allem um mögliche Mißverständnisse zu vermeiden, daher bei der Formulierung gesellschaftsadäquate Rechtsbegriffe.

»Gesellschaftsadäquat« heißt dementsprechend nicht, daß die Rechtsbegriffe letztlich soziologische Begriffe sein oder die Gesellschaft adäquat abbilden müssen. Das widerspräche dem Sinn der System- und Systemfunktionsdifferenz zwischen dem Gesellschaftssystem und dem Rechtssystem als Teilsystem des Gesellschaftssystems. Adäquität kann nur heißen, daß die begriffliche Problemtransformation ins Rechtssystem gelingt[108]. Als funktionell nachgeschaltetes System, das zur Entscheidung gezwungen ist, kann das Rechtssystem – wie wir im Schlußkapitel für den Fall des Eigentums noch näher zeigen wollen – weder die volle Komplexität noch die eigentlich tragenden Abstraktionsformen der Gesellschaft in sich reflektieren. Das Kriterium der Adäquität kann sich daher nur auf die Reduktionen beziehen, mit denen das Rechtssystem seine *spezifische* Funktion, wenn immer gefragt, *gesellschaftsweit* zum Tragen bringt.

2. Es gibt demnach eine Ebene der Beziehung zwischen Rechtssystem und Gesellschaftssystem, die auf seiten des Rechtssystems die Dogmatik als den abstraktesten Steuerungsmechanismus, auf seiten der Gesellschaft sehr allgemeine Anforderungen betrifft, *ohne daß der Zusammenhang durch konkret angebbare Wechselwirkungen vermittelt würde*. Das Verhältnis von Rechtssystem und Gesellschaft bleibt vielmehr mit sehr verschiedenen Auswirkungen von Einzelentscheidungen kompatibel; es schluckt laufende Belastungsverlagerungen widerstandslos und reagiert nur auf Verschiebungen

in langfristigen Trends der Strukturänderung. Solch ein Absorbieren kleinerer Stöße ist in dem Maße möglich, als für konkrete Fakten Substitutionen und funktionale Äquivalente gefunden werden können[109].

So wird erst auf einer bestimmten Entwicklungsstufe der Gesellschaft die Institutionalisierung der Möglichkeit synallagmatischer Beziehungen zwischen Leistungen erforderlich – nämlich dann, wenn Leistungsbeziehungen zwischen so unübersehbaren Partnern ermöglicht werden müssen, daß ältere soziale (etwa: häusliche, dörfliche) Mechanismen der Fehlerkontrolle versagen und die wechselseitige Implikation von Fehlverhalten auf spezifizierbare Leistungszusammenhänge beschränkt und in dieser Beschränkung gewährleistet werden muß. Dann müssen dogmatische Figuren wie die des Vertrages auf solche Anforderungen antworten. Erst in Gesellschaften sehr viel differenzierteren Typs, die viele Leistungen auch unabhängig von jeder Komplementarität gewährleisten und synallagmatische »Fehlerübertragung« an solchen Stellen blockieren müssen, wird es notwendig, dazu noch die Kategorie des subjektiven Rechts zu erfinden[110]. Daß die Kategorie der Stellvertretung erst bei einer stärkeren Differenzierung von Haus (Familie) und Wirtschaft benötigt wird, wäre ebenfalls leicht zu zeigen. Ähnlich setzt der Begriff des Amtes eine Differenzierung von Haushalt und religiösem bzw. politischem Organisationssystem voraus[110a]. Neuere, dogmatisch noch nicht voll verarbeitete Erscheinungen hatten wir oben (unter IV. 8) notiert, nämlich Begriffe, mit denen die Dogmatik auf das Expandieren und Unbestimmtwerden gesellschaftlicher Zukunftshorizonte reagiert und eine Art Zukunftsverantwortung in das einzelne Rechtsverhältnis einzubauen sucht: Begriffe wie Vertrauen, Risiko, Gefahr, Erforderlichkeit. Diese Beispiele stehen für die allgemeine Einsicht, daß die Rechtsdogmatik in der Art, wie sie jeweils die Bedingungen des juristisch Möglichen definiert, strukturellen Vorgegebenheiten des Gesellschaftssystems genügen muß[111].

Der gleiche Gedanke läßt sich auch auf der Ebene problembezogener dogmatischer Theorien verfolgen. So könnte es eine Frage dogmatischer Entscheidung sein, ob man Motivirrtum bei Rechtsgeschäften schlechthin für irrelevant erklärt mit der Begründung, daß er für den Partner unerkennbar sei; oder ob man diesen Gedanken weiterentwickelt zu der These, daß dies in der Regel gelte, daß ausnahmsweise aber ein grobfahrlässiges Nichterkennen eines Motivirrtums des Partners den Irrenden zur Anfechtung berechtige; oder ob man davon ausgehen will, daß beide Partner im Prinzip zu wechselseitiger Motivforschung angehalten seien und es daher eine Abwägung des Verschuldens bedarf, wenn es zu einem folgenreichen

Irrtum kommt; oder ob man schließlich Motivirrtum als eine Art Unglück behandeln und etwaigen Schaden unter Abwägung der Interessen gerecht verteilen will. Man wird als vorsichtiger Dogmatiker vor einer Auflockerung des starren Prinzips der Irrelevanz zurückschrecken, wenn man sieht, welche Schleusen man damit öffnet und welche Belastungen man damit sowohl dem Geschäftsverkehr als auch der eigenen Entscheidungspraxis zumutet. Außerdem sind auch Probleme der Durchhaltbarkeit von Abstraktionen im Spiel: Eine Verpflichtung zu wechselseitiger Motivforschung wird man vielleicht nicht in gleicher Weise abstrakt für alle Rechtsgeschäfte formulieren wollen wie die Irrelevanz des Motivirrtums, so daß die Essersche Regel zum Zuge kommt: Je größer die Differenzierung, desto schwieriger die Wertung[112].

Auf dieser Ebene könnten soziologische Einsichten über Erfordernisse eines weitgehend entpersonalisierten Geschäftsverkehrs eingebracht und vielleicht zur Vorstrukturierung etwaiger Ausnahmen von der Regel mitbenutzt werden. Insofern kann man gesellschaftsadäquat entscheiden. Darüber hinaus könnte die soziologische These, daß alle soziale Realität Kommunikation und nichts als Kommunikation ist[113], dem Juristen den Entschluß erleichtern, das Unsichtbare zu vernachlässigen. Völlig ausgeschlossen ist es, die Folgen der oben skizzierten Varianten dogmatischer Problemlösungen im voraus oder auch nachträglich festzustellen. Und ebenso undenkbar ist es, die Instrumente empirischer Sozialforschung im Bereich der Motivation zur Begründung von dogmatischen Entscheidungen dieser Art einzusetzen.

3. Die Forderung nach gesellschaftsadäquaten Rechtsbegriffen ist leicht aufzustellen; ihre Realisierung stößt jedoch auf bestimmte Schwierigkeiten. Eine dieser Schwierigkeiten liegt im Widerspruch zwischen Abstraktionsbedarf und der Notwendigkeit, an gegebene Bindungen anzuknüpfen – einem Essentiale aller Dogmatik (3). Eine andere Schwierigkeit liegt in den Grenzen der Fähigkeit zu soziologischer Reflexion dogmatischer Begriffe (4).

Es gibt zunächst das allgemeine und bekannte Problem der Konkretisierung von Abstraktionen, das durch eine Art integrierte Nichtidentität des Abstrakten und des Konkreten gelöst werden muß. Die Illusion der vollen Entsprechung des Abstrakten und des Konkreten oder, prozeßmäßig formuliert, des Aufstiegs vom Abstrakten zum Konkreten muß fallen – so wie ja auch die Sprachwissenschaft seit Humboldt weiß (wenn auch häufig vergißt), daß Sprache keinen vollen Konsens, sondern nur koordinierte Nichtidentität der Erlebnisinhalte zu leisten vermag. Soviel gilt allgemein. Für Dogmatik kommt ein spezielleres Problem hinzu.

Dogmatik ist keine freie Übung in der Kunst, Meinungen zu bilden, sondern ihrer Funktion nach Konstitution von Freiheit in Bereichen, wo Bindung erwartet wird. Sie bleibt daher – nicht eigentlich gebunden an, aber angewiesen auf Materialien, an denen ihre Funktion und ihre Bindung zum Ausdruck gebracht werden kann. Diese Materialien konnten widerstandslos klassifiziert und in Allgemeinbegriffen wie Willenserklärung, Rechtsgeschäft, Verbot mit Erlaubnisvorbehalt usw. zusammengefaßt werden. Das war um so leichter möglich, wenn die Normen selbst durch sogenannte Kodifikationen schon in der Sprache der Dogmatik formuliert waren. Die größere Reichweite solcher Begriffe muß jedoch mit zunehmender Inhaltsleere bezahlt werden (und genau darauf beruht die Schonung der Normen). Innerhalb ihres Anwendungsbereichs sind lautlose Schwerpunktverlagerungen möglich, aber im ganzen eignen sich klassifikatorische Begriffe schlecht zur Organisation von Interdependenzen und Veränderungen im System. Daraus hat sich das Interesse an einem andersartigen, funktional-relationierenden Abstraktionsstil ergeben[114]. Dieser zersetzt jedoch das normative Material, indem er es als kontingent begreift und im Hinblick auf Bedingungen des Bevorzugens von Alternativen reorganisiert – und zwar um so stärker, je höher die Abstraktion. Eine funktionale Analyse vermag alle Figuren zu problematisieren einschließlich derer, die ihr als Bedingungen ihrer eigenen Möglichkeit dienen. Sie wendet im Rahmen von Dogmatiken ihre Abstraktionstechnik der Relationierung auf dieselben Normen an, aus denen sie ihre Fragestellungen gewinnt[115]. Es hat wenig Sinn, diese Möglichkeit durch Respektzonen zu limitieren; sie limitiert sich durch technische Erfordernisse selbst mehr als genug.

Diese Überlegungen führen zu weitreichenden Konsequenzen für das Normverständnis einer funktional abstrahierenden Dogmatik. Sie bedeuten zunächst, daß eine funktional abstrahierende dogmatische Begriffsarbeit in stärkerem Maße Fragen und Appelle an den Gesetzgeber impliziert[116]. Dem kommen Juristen entgegen, die für eine rechtspolitische, zukunftsoffene, antizipatorische Dogmatik plädieren[116a]. Mit Fragen nach der Funktion von Strafe gewinnt man nicht nur eine modern gefaßte Legitimationstheorie für das vorhandene Strafensystem, sondern fixiert zugleich einen Gesichtspunkt, der die im positiven Recht vorgesehene Zweigleisigkeit von Strafen und Maßregeln der Sicherung und Besserung als fragwürdig erscheinen läßt – und zwar: *dogmatisch* als fragwürdig erscheinen läßt. Fragt man nach der Funktion des Verschuldensprinzips im Kontext von Ehescheidungen mitsamt seinen etwaigen Ausnahmen, steht man vor der Notwendigkeit, die Fragestellung auf eine Systemreferenz festzulegen: Individuelles Wohlergehen bzw. Glücksoptimierung der beiden Ehepartner oder Erhaltung des Sozialsystems ihrer Ehe mit erwartbaren strukturellen Entwicklungen (einschließlich der Stabilisierung als Dauerkonflikt). Je nach Wahl der Systemreferenz und der Bezugsprobleme ergeben sich andere Beurteilungen und andere Abhängigkeiten dogmatischer Begriffe von Wertungen. In beiden angedeuteten Konzepten ist eine Verzahnung der dogmatischen Analyse mit der laufenden Reformdiskussion unvermeidlich. In Weiterführung der Analysen von Eugen Bucher[116b] kann man deshalb vermuten, daß ein Übergang von »Begriffsjurisprudenz« zu »Interessenjurisprudenz« nur möglich war in dem Maße, als ein Gesetzgeber zur Bestimmung des Schutzwertes der Interessen zur Verfügung stand – also nicht schon im Rahmen der mit historischen Materialien arbeitenden Pandektistik.

Zugleich erfordert eine Reformdiskussion aber auch Funktionalisierungen. Sie wird mit funktional gesteuerten Klärungsfragen aus dem bloßen Schwimmen im Strome der Meinungen über wünschenswerte Erleichterungen und Verbesserungen des Lebens herausgebracht. Eine funktional abstrahierende Dogmatik muß vom Gesetzgeber verlangen, daß er über Systemreferenzen und Bezugsprobleme die erforderlichen Vorentscheidungen treffe (dagegen nicht unbedingt, daß er festlege, welche Zustände sein werden oder sein sollen). Sie kann dabei Interpretationen für Entscheidungen substituieren – dies jedoch nicht, ohne eben damit Möglichkeiten anderer Entscheidungen zu eröffnen.

In dem Maße, als der Positivismus sich auf allen Ebenen der Rechtsfestlegung (vor allem in Gesetzen, Richtersprüchen und Verträgen) durchsetzt, verändert sich mithin das Material der Dogmatik. Es wird zu einem fließenden, seine eigene Struktur ändernden Entscheidungsprozeß, dessen Diskontinuitäten zu kontrollieren sind. Dogmatik kann dann in zeitlicher Hinsicht nicht mehr die schlichte Bewahrung der Essentialien sein, sondern ist die *Kontrolle der Diskontinuitäten einer selbstsubstitutiven Ordnung,* formal also Negation von Negationen. Und es ist *diese Wendung, die eine funktionale Begriffsbildung, einen höheren Abstraktionsgrad und eine Reflexion des Systembezugs und der Systemfunktion von Dogmatik erzwingt;* denn die Differenz von Kontinuität und Diskontinuität kann nicht mehr interpretativ an der einzelnen Norm abgelesen werden.

Das Problem einer Dogmatik, die von klassifikatorischer zu funktionaler, systembezogener Begriffsbildung übergeht, liegt demnach nicht so sehr in der mangelnden Bestimmbarkeit und Ausarbeitungsfähigkeit der Konzepte, es liegt in einem veränderten Verhältnis zum normativen Material. Bei konsequent funktionalem Vorgehen wird die Anknüpfung an das vorhandene Recht mit höherer Abstraktion um so unvermeidlicher und zugleich um so fragwürdiger. Das Notwendige wird erst in der Negation zum Begriff. Das positive Recht gilt auch für die Dogmatik ohne Frage, gerade deshalb kann es geändert werden. Geltung ist Bedingung der Änderbarkeit, und nur im geltenden Recht können die Bezugsprobleme und Konstruktionsbedingungen für Änderungsvorschläge gefunden werden. Das liegt im selbstsubstitutiven Charakter des Rechtssystems begründet (was nicht heißt, daß jede einzelne Rechtsnorm im Falle der Aufhebung eine juristische Nachfolgeregelung erhalten muß).

Eine funktional orientierte Rechtsdogmatik benötigt demnach ein für sie spezifisches Normverständnis, eine besondere Bindungsinterpretation. Sie bezieht sich auf Normen als positiv geltendes Recht, auf die historische Faktizität einer selbstsubstitutiven Ordnung. Bindung ist für sie daher nicht Unabänderbarkeit, sondern Änderbarkeit nach Maßgabe angebbarer Bedingungen. Darin hat sie in der heutigen Gesellschaft ihre eigene Adäquität, die sie zum Entwurf gesellschaftsadäquater Rechtsbegriffe befähigt.

4. Mit funktionaler Abstraktion nach Maßgabe variabler Bezugsgesichtspunkte steuert man eine Dogmatik auf Grenzen dessen zu, was sie an Begriffen und Begründungen verkraften kann. Nicht jede angebbare Funktion ist im System legitimierbar. Der soziologische Funktionalismus hat die Naivität, solche Schranken durch eine bloße Gegenüberstellung von Funktionen und Dysfunktionen bzw. von manifesten und latenten Funktionen wiederzugeben. Er setzt damit einen praktischen bzw. normativen und einen kognitiven Schematismus voraus, ohne den Schematismus in seiner Funktion zu reflektieren. Für die Rechtsdogmatik herkömmlichen Typs liegt schon die Existenz und die Relevanz solcher Unterscheidungen im dunkeln.

Die Frage nach der gesellschaftsstrukturellen Adäquität von Rechtsbegriffen erzwingt jedoch eine Reflexion in diesen Hinsichten und damit eine Erweiterung des Relevanzraums dogmatischer Betrachtungen. Es kann nämlich sein, daß die Adäquität sich gar nicht aus dem Begründungssinn der Begriffe ergibt, sondern aus einer Art Nebensinn oder Hintersinn, so daß Darstellung und Funktion auseinanderfallen. Wie weit Gesichtspunkte gesellschaftsstruktureller Kompatibilität überhaupt in die offizielle Begründung der Begriffswahl eingehen und ob dies gleich bei der Einführung des Begriffs oder erst später geschieht, das sind Fragen, die sehr verschiedene Antworten finden können.

Im Falle des »subjektiven Rechts« beispielsweise hat ein seit dem 17. Jahrhundert in Gebrauch kommender bewußtseins- und willensbezogener Begriff des Subjekts die Einführung erleichtert[117] und dem Rechtsbegriff Startplausibilität und eine hochgeneralisierbare Legitimität verliehen. Tatsächlich gibt der Bezug auf Willen und Verfügungsinteresse des Subjekts jedoch keinen ausreichenden Aufschluß weder über die Funktion dieses Begriffs, noch über die Gründe, aus denen er gerade für die neuzeitliche Gesellschaft adäquat ist. Individuen und individualisierte Verfügungsinteressen hatte es schon lange gegeben; neuartig war dagegen das Ausmaß, in dem prinzipiell »ungerechte« Asymmetrien ohne unmittelbare Reziprozität und ohne Deckung durch Statushierarchien in das Recht eingeführt werden mußten. Die neue bürgerliche Gesellschaft zwang letztlich zur Rekonstruktion einer Vielzahl von Rechtsinstituten auf dieser abstrakteren Grundlage[118]. Der gesellschaftliche Problembezug liegt mithin nicht im eigentlichen Definitionsbegriff, sondern in einem allenfalls mitausgelösten Nebeneffekt[119].

Die dogmatische Konstruktion des subjektiven Rechts ist nämlich, bisher jedenfalls, nicht bis zur vollen Problematisierung der Asymmetrie vorgedrungen. Sie hat das auf Kant und Savigny zurückgehende Konzept der Willensmacht mit dem Jheringschen Begriff des Rechtsguts oder des rechtlich geschützten Interesses schlicht verbunden und behauptet, das subjektive Recht sei beides[120]. Wenn aber die Bestimmungskompetenz in irgendeiner Weise zwischen Subjekt und Gesetzgeber geteilt ist, kann der Begriff nicht mehr dadurch definiert werden, *wer* bestimmt, sondern nur noch dadurch, *daß im Hinblick auf das Subjekt bestimmt wird.* In dieser Bestimmung im Hinblick auf das Subjekt steckt aber, für die Dogmatik noch unausgearbeitet, ebenfalls das Problem der Asymmetrie.

Zu den Beispielen für eine latente, zumindest nicht voll erkannte funktionale und strukturelle Affinität von Rechtsbegriffen zur modernen Gesellschaft gehört auch die oben (S. 12) bereits erwähnte Beobachtung, daß die Begriffe Interesse im Zivilrecht und Rechtsgut im Strafrecht gegenüber älteren dogmatischen Instrumenten den Vorzug haben, mit einer umfassenden politisch-legislativen Steuerung des Rechts und der entsprechenden Gesamtverantwortung des Gesetzgebers für das Recht besser kompatibel zu sein. Sie schanzen dem Gesetzgeber einen Anteil an der Definitionsmacht zu und sind dadurch weniger in Gefahr, mit laufenden Gesetzesänderungen zu kollidieren. Daß dafür Kosten in Form von Abstrichen an der Stringenz dogmatischer Verknüpfbarkeit bezahlt werden müssen, liegt auf der Hand. Auch hier wird zumindest diese Funktion nicht in das den Begriff tragende Substantiv und in die Appellwirkung des Begriffs eingebaut, sondern gleichsam beiläufig in Nebenbestimmungen zum Ausdruck gebracht: rechtlich geschütztes Interesse. Man kann vermuten, daß solche Umdispositionen – oder gar die Einführung von Gesellschaftsadäquität als Begründungsgesichtspunkt – nur mit Hilfe einer abstrakteren Begrifflichkeit zu bewältigen sind, und dabei stößt man früher oder später auf die Frage, ob es Abstraktionsschranken der Dogmatik gibt.

Eine weitere Schranke des dogmatisch Möglichen ist all das, was mit der Normativität als solcher zusammenhängt, das heißt mit dem Ausschalten der Bereitschaft, im Enttäuschungsfalle die enttäuschten Erwartungen schlicht zu revidieren[121]. Ein anderer nicht übersteigbarer Grenzpunkt dürfte im binären Schematismus von Recht und Unrecht und in den von ihm abhängigen Dichotomisierungen liegen. Eine Dogmatik wäre überfordert, müßte sie die Möglichkeit ins Auge fassen, daß die Mehrung des Rechts immer auch Unrecht mehrt, und daß die Durchsetzung des Rechts nur als Unrecht möglich ist. Aus »summum ius summa iniuria« hat man keine rechtsdogmatischen Konsequenzen gezogen. Ähnliches gilt auch für Derivate dieses Problems.

Soziologen haben zuweilen behauptet, daß gerade latente Funktionen Anpassungen erleichtern und haben daraus die Notwendigkeit des Latentbleibens hergeleitet. Andere sehen in der Aufklärung über Latenzen ein langfristiges Rationalisierungsprogramm. Jedenfalls würde es für die Rechtsdogmatik weitreichende Konsequenzen haben, wollte sie, um Begriffe auf Gesellschaftsadäquität zu gründen und an Gesellschaftsadäquität kontrollieren zu können, in wichtigen Rechtsinstituten Hauptsinn und Nebeneffekte vertauschen. So kann sich, um ein weiteres Beispiel zu geben, die Strafrechtsdogmatik nicht ernstlich mit der These von Popitz[122] beschäftigen, daß die gesellschaftliche Adäquität eines Strafrechtssystems darauf beruht, daß Delikte unbekannt bleiben und Delinquenten nicht erwischt werden. Die Strafdrohung wird damit zur kontingenten, wählbaren »Kriminalisierung« von Verhalten und so zu einem rechtspolitischen Mittel, bei dessen Einführung man nicht nur auf eine vorgegebene Strafwürdigkeit möglichst angemessen reagiert, sondern die Behandelbarkeit der Kriminellen und darüber hinaus die Dichotomisierung von strafbarem und nichtstrafbarem Verhalten, bekannten und unbekannten, erwischten und nichterwischten Tätern muß verantworten können. Entscheidungen dieser Art müssen rechtssoziologisch vorbereitet[123] und rechtspolitisch getroffen werden; die Dogmatik hätte allenfalls zu raten, wie juridifiziert werden soll, wenn juridifiziert werden soll. Die Rechtsdogmatik setzt, mit anderen Worten, mit der Ausdifferenzierung eines Rechtssystems auch Normativität und Schematismus des Rechts voraus und reagiert technisch erst auf Folgeprobleme dieser Voraussetzung.

5. Nach diesen Abgrenzungsüberlegungen kommen wir nochmals auf die Stellung gesellschaftsadäquat gewählter dogmatischer Konzepte im Rechtssystem zurück. Nach den allgemeinen systemtheoretischen Annahmen, von denen wir ausgehen, besteht ein Zusammenhang zwischen Selbststeuerung und Umweltbeziehung derart, daß ein System sowohl sich selbst den relevanten Ereignissen seiner Umwelt anpassen als auch seine Umwelt in für das System relevanten Hinsichten ändern kann. Wenn diese doppelte Möglichkeit besteht und entsprechend Input und Output zum Problem werden können, kann das System seine Grundorientierung nicht mehr an bestimmten Zuständen seiner Umwelt oder an bestimmten eigenen Zuständen finden, sondern nur noch an Gesichtspunkten der Relationierung von variabler Umwelt und variablem System (so wie ja auch Leben und Lebenserhaltung nicht durch einen bestimmten Systemzustand, sondern als Relation zwischen Organismus und Umwelt definiert werden müssen[124]). In der internen Entscheidungspraxis (Selektionspraxis) treten an die Stelle der nichtkontingenten Relationierung von Kontingenzen Indikatoren praktikabler Art. Das System merkt sozusagen an sich selbst, wenn in der Beziehung zur Umwelt etwas sich ändert, problematisch ist, korrigiert werden muß[125]. In Systemen, die Input- und Outputprobleme intern differenzieren können, dienen solche Indikatoren zugleich als Regeln der Koordination von Input und Output. Sie kontrollieren die Überführung von Input in Output[126].

In diesem Sinne setzt die Rechtsdogmatik gesellschaftsadäquate Begriffe ein, um im Rechtssystem *intern* die *Möglichkeit* zu schaffen, *Inputverarbeitungsprozesse und Outputerzeugungsprozesse zu integrieren*. Allein für sich genommen bieten sie keine Garantie dafür, daß das Rechtssystem »die Bedürfnisse der Gesellschaft befriedigt«. Dazu bedarf es eines ganzen Pakets verschiedenartiger Beiträge bis hin zu der Auswahl geeigneter Persönlichkeiten für hauptberufliche Bearbeitung der Entscheidungsprozesse. Die Dogmatik gewährleistet durch gesellschaftsadäquate Formung ihrer Begriffe nur »Bedingungen der Möglichkeit« – genauer gesagt: Bedingungen dafür, daß das Rechtssystem mit Input und Output zugleich sich an einem gesamtgesellschaftlich erzeugten Entscheidungsbedarf orientiert. Das geschieht, indem sie die Transformation von Input in Output unter Vorentscheidungen setzt, die ihrem Abstraktionsgrad, ihrer Spezifikationsrichtung und ihrem Inhalte nach mit wichtigen Strukturen des jeweiligen Gesellschaftssystems kompatibel sind.

Man muß demnach, um ein hinreichend komplexes Urteil über die Funktion der Rechtsdogmatik zu gewinnen, verschiedene Gesichtspunkte auseinanderhalten und zueinander in Beziehung setzen, nämlich 1) die systeminterne Integration von Input und Output, die weder eine Maximierung des Inputs (z. B. unbeschränkte Informationssuche oder größte Tiefenschärfe in der Fallanalyse) noch eine Optimierung von Output im Sinne eines zweckprogrammierten, wohlfahrtsstaatlichen social engineering zuläßt; 2) die Anpassung dieser Leistung an Strukturen und Probleme der gesellschaftlichen Umwelt des Rechtssystems; und 3) den Grad an Generalisierung und Spezifikation derjenigen Sinnebene, auf der diese beiden Leistungskomplexe verknüpfbar sind. Rechtsdogmatik entsteht als eine eigenständige, von den Rechtsnormen unterscheidbare Konfiguration erst, wenn das Rechtssystem im Gesellschaftssystem hinreichend ausdifferenziert ist. Sie setzt außerdem voraus, daß die Rechtsnormen selbst, die an ihre Programmierfunktion gebunden bleiben, das Abstraktionsniveau nicht erreichen, auf dem allein jene Leistungsverknüpfungen noch möglich sind.

Die Frage nach der Zukunft der Rechtsdogmatik ist entsprechend komplex zu stellen. Sie lautet nunmehr: Kann und muß dieses Niveau der Generalisierung und Wirkungsindifferenz unter stark veränderten gesellschaftlichen Bedingungen gehalten und als Reflexionsniveau des Rechts ausgebaut werden? Oder schließt das Ausmaß an Verflechtung des Rechts mit dem rapide sich ändernden Gesellschaftssystem dies aus? Läßt sich unter den heute gegebenen Umständen die gesellschaftliche Integration des Rechts nur noch auf der konkreteren Ebene der Produktion und Änderung von Rechtsprogrammen gewährleisten? Und schließt die verstärkte und beschleunigte Rechtssatzproduktion allein schon durch ihr Tempo die Weiterentwicklung der Rechtsdogmatik in Anknüpfung an ein so stark fluktuierendes Normmaterial aus? Oder wird die Dogmatik gerade durch ihr Abstraktionspotential in der Lage sein, eine auch Rechtsänderungen einbeziehende, antizipatorische Flexibilität zu entwickeln? Und schließlich: Würde die Rechtssatzproduktion, wenn sie nach Umfang und Tempo die Mitentwicklung einer adäquaten Dogmatik ausschließt, diese auch kompensieren können oder wird man die Positivität des Rechts mit einem Vorgang der Entdifferenzierung von Politik und Recht zu bezahlen haben[127] derart, daß die Autonomie des Rechtssystems schließlich nur noch auf der Trägheit, Unbeweglichkeit und Unübersichtlichkeit der Normenmenge beruht und nicht mehr auf der Schlüssigkeit und Eleganz des dogmatischen Arguments?

Es ist für einen Soziologen nicht möglich, Fragen dieser Tragweite mit einer Prognose zu beantworten – vor allem deshalb nicht, weil die Antwort sehr wesentlich davon abhängt, was die Juristen tun werden, wenn man ihnen solche Fragen stellt.

VI Zum Beispiel Eigentum

Überlegungen zur Zukunft der Rechtsdogmatik müssen, sollen sie die Dogmatik als Ganzes erfassen, in sehr hohe Abstraktionslagen gebracht werden. Daraus entstehen Verständnis- und Verständigungsschwierigkeiten. Weitere Anforderungen an Abstraktion und zusätzliche Schwierigkeiten des Verständnisses für Juristen ergeben sich aus der Konfrontation mit soziologischer Theorie sowie mit interdisziplinären Theoriekomplexen wie Systemtheorie und Entscheidungstheorie. Es ist nicht mehr nur das römische Recht, was zu rezipieren und aufzuarbeiten ist.
Da der Jurist eher gewohnt ist, in einzelnen Rechtsinstituten zu denken, ohne diese auf ihre Systemgerechtigkeit und Dogmatizität hin zu kontrollieren, möchte ich abschließend versuchen, das zentrale Erfordernis von gesellschaftlichen und gesellschaftspolitisch adäquaten Begriffsmodellen an Hand eines einzelnen Rechtsinstituts zu erläutern[128]. Ich wähle dafür die Rechtsfigur des *Eigentums,* weil hier eine offensichtliche, aber schwer interpretierbare gesamtgesellschaftliche Relevanz mit eigentümlichen juristischen Abstraktionsleistungen zusammentrifft und weil dies ein eindeutiger Fall ist, in dem der Gesetzgeber (§ 903 BGB; Art. 14 GG) eine durch die Dogmatik gesteuerte Begriffsklärung voraussetzt.
1. Fragt man zunächst nach der *Funktion des Eigentums,* so sind die üblichen Rechtfertigungen, es diene der Freiheit und Selbstverwirklichung des Einzelnen, sehr rasch ad absurdum zu führen[129]. Jedenfalls müßte dieses Argument, wenn ernst gemeint, zu einer radikalen Umstrukturierung der Eigentumsverteilung im Sinne des Kommunismus Anlaß geben. Bereits Hegel hatte dieses Problem gesehen – und sich dagegen verwahrt[130]. Die Dialektik der Ideologie der bürgerlichen Gesellschaft hat in der Tat diese Konsequenz, in der Figur des Eigentums Zufälligkeit oder Kommunismus zur Wahl zu stellen. Dem liegt aber eine unzureichende Selbst-Thematisierung des Gesellschaftssystems zugrunde[131]. Mag jenes Freiheitsargument für ältere Gesellschaftsordnungen und für den Übergang in die bürgerliche Gesellschaft in gewissem Umfange gegolten haben oder nicht, die bürgerliche Gesellschaft hat die Funktion des Eigentums grundlegend revolutioniert, und zwar dadurch, daß sie die Wirtschaft stärker als je zuvor gesellschaftlich autonom gesetzt und dabei Geld zum universellen Kommunikationssymbol der Wirtschaft entwickelt

hat¹³². Seitdem kann man Geld nicht mehr neben anderen Wirtschaftsgütern vom Eigentum her, sondern nur noch Eigentum (ebenso wie im übrigen Arbeit) vom Gelde her interpretieren. *Das war*, von den politischen Konsequenzen einmal abgesehen, *die bürgerliche Revolution*. Die dadurch herbeigeführten Veränderungen liegen auf einer Ebene, auf der man nicht mehr durch bloße »Enteignung« im Sinne einer Wegnahme von Rechten reagieren kann. Entsprechend muß die ratio legis des Eigentums – auch im Interesse der Frage nach Substitutionsmöglichkeiten – neu bestimmt werden.
Hierzu bieten Überlegungen zu einer allgemeinen Theorie symbolisch generalisierter Kommunikationsmedien einen Ausgangspunkt, den wir unter dem Gesichtspunkt der Vorteilhaftigkeit *binärer Schematisierungen* darstellen wollen. Schon in der allgemeinen Umgangssprache gibt es einen diffus und situationsweise auftretenden Bedarf, Problemlagen durch eine eindeutige Ja/Nein-Disjunktion auszudrücken¹³³. Der Gebrauch einer Ja/Nein-Alternative bleibt dabei eine Zumutung für den Partner, eine ihm aufgenötigte Situationsdefinition, der er sich durch Rückgriff auf andersartige Situationsdefinitionen, auf andere Relevanzen entziehen kann¹³⁴. In höher entwickelten Gesellschaften kann deshalb die Legitimation und der Erfolg des Gebrauchs binärer Schematisierungen nicht dem Zufall oder dem Situationsgeschehen überlassen werden¹³⁵. Es müssen mithin Erleichterungen für das Zumuten von Alternativen institutionalisiert werden (in dem Sinne: Willst Du meine Sache unter diesen Bedingungen haben oder nicht?). Außerdem vermehrt sich der Bedarf, die Selektivität sehr verschiedenartiger Situationen und Ereignisse zu langkettigen Sachzusammenhängen zu verknüpfen, in denen man bei bestimmten Wahlakten jeweils voraussetzen kann, daß andere Selektionen (obwohl gewählt!) mit ihrem Ja und ihrem Nein fortgelten. Schließlich wird es auf diese Weise möglich, progressive Prozeßstrukturen zu bilden, bei denen eine Entscheidung auf die andere aufbaut und für sie in dem Sinne feststeht, daß man auf sie zurückgreifen, sie jederzeit wiederholen oder sie mit übersehbaren Konsequenzen ändern kann. All das zusammen wird durch hochgradig generalisierte und funktional spezifizierte binäre Schematismen sichergestellt, die qualitativ höchst komplexen Erlebens- und Handelnsfeldern künstlich eine Ja/Nein-Dichotomie oktroyieren. Die *dreifache Funktion* solcher Schematismen, nämlich (1) *zeitlich* das Progressivwerden von Operationen zu ermöglichen, (2) *sachlich* heterogene Situationen zu langen Ketten zu koordinieren und (3) *sozial* Zumutungen zu erleichtern, läßt sich unter der Bedingung von Ausdifferenzierung und funktionaler Spezifikation durch jeweils *einen* Schematismus erfüllen.

Die wichtigsten Sonder-Codes für gesellschaftlich folgenreiche Kommunikation müssen daher, direkt oder indirekt, Vorsorge treffen für binäre Schematisierbarkeit von Kommunikationssituationen. Die Anwendbarkeit solcher Schematismen muß *selektiv* ermöglicht und zugleich in ihrer *Erfolgssicherheit* gestärkt und (relativ) situationsunabhängig sichergestellt werden. Und das kann nicht durch die allgemeine Umgangssprache geschehen, die auch nichtbinäre Rede ermöglichen muß, sondern nur durch Zusatzeinrichtungen zur Sprache.

Solche Zusatzeinrichtungen sind in der Form symbolisch generalisierter Kommunikationsmedien für je spezifische Funktionsbereiche getrennt entwickelt worden und haben daher je eigene Funktionstypen für binäre Schematisierung ausgebildet, die jeweils nur in Teilsystemen der Gesellschaft adäquat gebraucht werden können. Im Falle des Kommunikationsmediums Wahrheit übernimmt der logische Schematismus mit dem Satz vom ausgeschlossenen Dritten diese Funktion mit unabsehbaren Konsequenzen für die Grenzen der Wahrheitsfähigkeit von Wissen. Die Sprache der Macht ist durch Koppelung mit der Differenz von Recht und Unrecht binär schematisiert worden mit der Folge, daß aller offizielle Machtgebrauch entweder rechtmäßig oder rechtswidrig ist[136]. In beiden Fällen ist und bleibt das faktische Ausmaß der Logisierung von Wahrheit wie der Juridifizierung von Macht ein Problem. In beiden Fällen hat der Übergang vom Mittelalter zur bürgerlichen Gesellschaft der Neuzeit wesentliche Veränderungen gebracht, die mit einem höheren Grade an Ausdifferenzierung der Systeme für Wissenschaft und für Politik, mit der primär logisch ausgelösten Destruktion der gesellschaftlichen Relevanz der Theologie und mit dem Aufbau des bürgerlichen Rechtsstaates zusammenhängen.

Mir scheint nun, daß im Funktionsbereich der Wirtschaft das Eigentum die entsprechende Funktion erfüllt. Durch Eigentum werden alle wirtschaftlich relevanten Kommunikationsprozesse unter die eindeutige Differenz von Haben oder Nichthaben gestellt. Eigentum ist seiner Funktion nach diese Differenz von Haben und Nichthaben, ist der binäre Schematismus der Wirtschaft. Das Eigentum des einen ist immer in genau gleichem Maße Nichteigentum der anderen. Dank dieser binären Struktur kann Geld durch Eigentum gebunden werden, das heißt eine nichtliquide Form annehmen und so als Prämisse weiterer Operationen dienen. Binäre Schematisierung der Wirtschaftskommunikation auf einer Basis, die gestützt wird durch und zusammenhängt, aber nicht voll identisch ist, mit dem binären Schematismus von Wahrheit/Unwahrheit oder dem von Recht/Unrecht[137], ist ein Erfordernis differenzierter Gesellschaften und zugleich ein Erfordernis progressiver Operationen. Wenn die Rechtsfigur Eigentum diesen Erfordernissen Rechnung trägt, ist sie in dieser Hinsicht ein gesellschaftsadäquates Begriffsmodell. Diese These müssen wir in drei Richtungen näher erläutern: Im Hinblick auf die spezifische Funktion des Eigentums als Prämisse wirtschaftlicher Kommunikation, im Hinblick auf erforderliche Abstraktionsleistungen (z. B. Unterscheidung von Besitz und Eigentum) und im Hinblick auf ihr Verhältnis zum Gesellschaftssystem und zu organisierten Sozialsystemen.

2. Über allgemeine Einsichten in die Funktion binärer Schematisierung hinaus lassen sich weitere Überlegungen anstellen zu der Frage, welche *besondere* Funktion binäre Schematisierung – und damit Eigentum – auf dem Gebiet der Wirtschaft hat. Unter Wirtschaft verstehen wir ein System sozialen Handelns (Wirtschaften!) mit der Funktion, die Befriedigung menschlicher Bedürfnisse über den einfachen konsumatorischen Akt hinaus in zeitlicher Hinsicht sicherzustellen. Auch binäre Schematisierung hat ihre zentrale Funktion im Bezug zur Zeit. Als Logik ist sie zum Beispiel Voraussetzung für progressive Operationen, die auf gebundenen Wahrheiten, nämlich auf vorhandenen, jederzeit wiederholbaren Wissenserwerben aufbauen[138]. Sie dient hier der Reproduktion von Wissen unter vereinfachten, vom Erzeugungskontext unabhängigen Bedingungen. Entsprechend sind auch enge Zusammenhänge zwischen binärer Schematisierung und wirtschaftlicher Entwicklung zu erwarten. Bei einem zeitlichen Hinausschieben von Bedürfnisbefriedigungen mußte sehr früh in der gesellschaftlichen Entwicklung Klarheit darüber geschaffen werden, wer was hat bzw. nicht hat – nämlich insoweit, als die Sicherstellung des Könnens (des Vermögens!) vom Haben abhängt. Solche Differenzierungen laufen sich über Besitz fast automatisch ein. Alles weitere ist eine Frage der Abstraktion.

Eigentum dient der Reproduktion – nicht von Gütern, sondern von Kommunikationssituationen mit binär schematisierten Motivstrukturen. In dem Maße, als es über künftige Befriedigung von Bedürfnissen zur Kommunikation kommt, müssen die daran Beteiligten Einverständnis über die bestehende Güterverteilung voraussetzen können. Das ist zum Beispiel unabdingbare Voraussetzung für jede Art Leistungsversprechen, das Güter betrifft, und erst recht für jeden Tausch[139]. Bei einem Wechsel der Habe muß die Differenz von Haben/Nichthaben in zweimaliger Form klargestellt sein, nämlich vor und nach dem Tausch. Und nicht nur die Differenz von Haben/Nichthaben, sondern auch die Nichtidentität der Differenz im Zeitlauf und die Konditionierung dieser Nichtidentität durch Akte, die den Tausch symbolisieren, muß gedacht werden können[140]. Davon hängt alles weitere ab: die Verwendung von Tauschmöglichkeiten als Grundlage wirtschaftlicher Kalkulation und systeminterner Rationalisierung, die Bildung langer Ketten von Verträgen, deren einer die Gültigkeit und erfolgreiche Abwicklung anderer voraussetzt, die Planung von Investitionen, die Ausnutzung von Krediten und, mit all dem verbunden, die Institution des Geldes[141].

3. Angesichts eines so beschriebenen gesellschaftlichen Strukturbedarfs interessiert die Frage, wie die Rechtsdogmatik ihm Rechnung trägt, wie sie das allgemeine Schematisierungsproblem verkürzt, reduziert und in eine juristisch operable Begrifflichkeit übersetzt. Für binäre Schematismen im allgemeinen ist kennzeichnend, *daß sie nicht als Regel formuliert werden können*[141a]. Eigentum/Nichteigentum ist keine Regel der Rechtfertigung. Der Schematismus strukturiert nur die Kontingenz der Bewegung zum anderen hin unter Einbau einer abstrakten Präferenz. Regeln sind daran erst anzuschließende Reduktion, die die Möglichkeit der Bewegung zum anderen hin mit Bedingungen verknüpfen. Erst regulierte Schematismen sind bestimmt oder doch operativ bestimmbar dadurch, daß sie mögliche Bewegung restringieren. Das Schema selbst bleibt die Kontingenz der Bewegung, auf die jede Regel sich bezieht; für sich allein genommen sind die Regeln des Eigentums, des Rechts, der Wahrheit tote Geometrie. Die Interpretation der Regeln von ihrem Schematismus her heißt demnach immer: Verzeitlichung der Kategorien – zum Beispiel Interpretation des Eigentums unter dem Gesichtspunkt des Tausches (oder Nichttausches), der Enteignung (oder Nichtenteignung).

Gerade am Falle des wirtschaftlichen Schematismus von Eigentum/Nichteigentum läßt sich klassisch demonstrieren, wie eine Regulierung des Schematismus vor sich geht. In der allgemeinsten Form geschieht dies durch die Bestimmung des Eigentums als subjektiven Rechts – im deutschen Recht also durch den sogenannten verfassungsrechtlichen Eigentumsbegriff[142]. Damit ist die entscheidende Weiche gestellt. Das Eigentum ist juristisch nicht, wie man es gesellschaftstheoretisch erwarten müßte, die Disjunktion von Haben und Nichthaben als Disjunktion, sondern nur das Haben als solches. Die Sprache, die für »Eigentum-und-Nichteigentum« kein Wort zur Verfügung stellt, unterstützt diese Reduktion. Die Einheit von Haben und Nichthaben wird weder sprachlich noch juristisch reflektiert, sie wird nur rekonstruiert als Ausschließungsbefugnis des Eigentümers. Die Disjunktion selbst untersteht daher auch keiner Gerechtigkeitskontrolle. Und das gesellschaftstheoretisch höchst relevante Problem, daß jeder Zuwachs an Eigentum zugleich überproportional das Nichteigentum der anderen vermehrt, liegt außerhalb jeder rechtlichen Relevanz. Selbst die gegen das Eigentum gerichteten gesellschaftspolitischen Tendenzen zielen daher ganz naiv auf Enteignung der Eigentümer.

Nimmt man diese Reduktion des Eigentums auf das subjektive Recht an, müssen Rechtfertigungsfragen sich auf eben dieses subjektive Recht beziehen. Sie erhalten dann die Form einer Gegenseitigkeitszumutung unter Eigentümern. Etwas vordergründig könnte man argumentieren: Weil Du mein Eigentum anerkennst, erkenne ich Deins an und umgekehrt. Tragfähig und unabhängig vom Faktum der Anerkennung wird die Begründung erst durch Einbeziehung sozialer Reflexivität in die eigene Eigentumsbehauptung: In der Aufrechterhaltung eines Anspruchs auf mein eigenes Eigentum ist die Anerkennung des Eigentums der anderen impliziert, weil mein Eigentum deren Anerkennung impliziert. In diesem Sinne bestimmt zum Beispiel Friedrich Darmstaedter Eigentum als »negative Gegenseitigkeit«[143]. Darin liegt eine bezeichnende Problemverschiebung: Der Nichteigentümer meines Eigentums, der mein Eigentum anerkennen soll, wird als Eigentümer anderen Eigentums hingestellt, das ich als Nichteigentümer anerkennen soll. Das erscheint gerecht. Nur fehlt es an Vorsorge dafür, daß dieser Fall tatsächlich eintritt: daß der Nichteigentümer tatsächlich Eigentümer ist in einem Umfange, daß man die Anerkennung von ihm erwarten könnte. Das Modell generalisiert agrarische Nachbarschaftsverhältnisse[144]. In einer auf Eigentum gegründeten Industriegesellschaft wäre es aber gerade erforderlich, daß der Nichteigentümer als Nichteigentümer das Eigentum anerkennt. Wenn dies erforderlich ist, muß die Rechtfertigung auf die Disjunktion als Disjunktion bezogen werden. Sie müßte sich dann auf die Funktion binärer Schematisierung beziehen und sich offenhalten für die Diskussion funktionaler Äquivalente.

Bei einem solchen Unternehmen sind Schwierigkeiten zu erwarten, die man sowohl gesellschaftstheoretisch als auch von der herkömmlichen Rechtsdogmatik aus einschätzen kann. Binäre Schematismen sind Abstraktionen in Kommunikationscodes, die den entsprechenden Kommunikationsprozessen zugrunde gelegt werden und sich deshalb nicht zugleich zur Identifikation von Personen eignen. Sie setzen eine Differenzierung mehrerer Ebenen sinnhafter Verhaltenssteuerung voraus und verlieren ihre Funktion, wenn man sie mit Personenunterschieden verquickt[145]. Sie sind vielmehr in ihrer Funktion als Kommunikationscode darauf angewiesen, daß es nicht zu einer Differenzierung von Personen unter dem wechselseitig exklusiven Gesichtspunkt von Wahrheit/Unwahrheit, Recht/Unrecht, Eigentum/Nichteigentum kommt[146]. Gerade deshalb müssen aber die Übergänge von einer Ebene zur anderen geregelt werden. Soziologisch gesehen, geschieht dies durch Definition von Rollen, die die Person einnehmen und wechseln kann mit mehr oder weniger großer »Rollendistanz«[147]. Die Rechtsdogmatik hat Entsprechendes geleistet durch Rekonstruktion der Einheit des Schematismus als Vielheit subjektiver Rechte. Sie verzichtet dabei, sofern sie diesen Eigentumsbegriff als letzten nimmt, auf die Reflexion der Einheit des Schematismus – ganz ähnlich wie eine soziologische Theorie, die über den Rollenbegriff nicht hinausgreift. Vielleicht sind diese Verzichte für beide Disziplinen unnötig, vielleicht können sie durch ein Mehrebenen-Denken ersetzt werden.

Zunächst muß man jedoch sehen, daß und wie die Leistungen der Rechtsdogmatik an der Übersetzung des Problems in die Sprache der subjektiven Rechte hängen. Damit soll an einem Einzelproblem gezeigt werden, wie teilsystemspezifische Problemtransformationen und Reduktionen adäquat sein können, ohne die in Frage stehende Gesellschaftsstruktur voll zu konzeptualisieren. Wir müssen dabei erneut latente Funktionen bzw. scheinbare Nebeneffekte der dogmatischen Begrifflichkeit in den Mittelpunkt der Analyse rükken.

Die Figur des subjektiven Eigentumsrechts leistet ein Doppeltes: Sie übersetzt die Einheit der Disjunktion von Eigentum/Nichteigentum, um die es im Grunde geht, in eine Vielheit subjektiver Rechte, und sie ermöglicht dadurch positionsspezifische Abstraktionsleistungen, die sie für die Einheit von Eigentum-und-Nichteigentum nicht organisieren könnte. Vorab muß beachtet werden, daß diese Rekonstruktion des Schematismus bezahlt werden muß mit einer sehr geringen Integration des Rechtssystems selbst[148]. Bei aller Bedeutung hat die Figur des Eigentums nur geringen Systematisierungseffekt im Sinne der Ordnung von Interdependenzen. Die Inhaberschaft eines subjektiven Rechts garantiert als solche noch keineswegs die Rechtmäßigkeit des Verhaltens. Man kann durch die Art, wie man mit seinem Eigentum umgeht (etwa durch die Art, wie man seinen Wagen fährt) sehr wohl gegen das Recht verstoßen[149]. Auf solche Weise wird durch geringe Anforderungen an systeminterne Integration eine Identifikation der Schematismen von Recht und Wirtschaft vermieden und die Differenzierung von Rechtssystem und Wirtschaftssystem ermöglicht.

Der korrespondierende Vorteil liegt in den Abstraktionsmöglichkeiten, die durch den Subjektbezug des Rechts eröffnet werden – und zwar in der Weise, daß das Subjekt selbst abstrahiert wird zum Willen, durch den oder im Hinblick auf den sein Gegenstand bestimmt wird. Vorbedingung weiterer Abstraktion ist daher eine Entsubstanzialisierung und Relationierung: Haben/Nichthaben wird nicht als Eigenschaft der Person selbst, sondern als eine Beziehung zwischen Person und Rechtsgegenstand verstanden[150]. Das ist für die heutige Rechtsdogmatik selbstverständlich. Nur in diesem Sinne – und mehr zur Überbrückung von literarischen Verlegenheitssituationen, besonders bei lexikalischem oder lehrbuchmäßigem Definitionszwang – werden alte Konnotationen von dominium/potestas bzw. Eigentum/Herrschaft noch fortgeführt[151]. »Herrschaft« dient hier als eine (nicht unproblematische) Chiffre für die Identität von Haben und Können (bzw. Nichthaben und Nichtkönnen). Darauf kommen wir weiter unten zurück.

Diese relationale Struktur dient als Grundlage der eigentlichen, rechtstechnisch benötigten Abstraktionen, die sich in mehrfachen Richtungen entfaltet haben. Wir nennen als die wichtigsten Beispiele:

(1) *Die Mobilisierung des Eigentums durch Assoziierung mit dem Vertragsrecht.* Das Eigentum wird damit von seinem eigenen Anfang abgelöst, es kann auch auf Vertrag gegründet werden, und diese Gründung wird zur Regel, von der aus *aller* Anfang des Eigentums als Zufall behandelt werden kann[152]. Einer mobilen, wirtschaftlich entwickelten Gesellschaft würde es nämlich schwerfallen, wenn man die Güte eines Rechtstitels jeweils durch seinen Anfang (oder als prekären Ersatz dafür: durch sein Alter) nachzuweisen hätte. Das Eigentumsrecht wird von seinem eigenen Anfang abstrahiert.

(2) *Die Unterscheidung von Eigentum und Besitz.* Durch sie wird der binäre Schematismus von der Bindung an die gleichzeitige Ausübung von faktischer Gewalt/Nichtgewalt über die Sache befreit.

(3) *Die Abstraktion von sachenrechtlichem Eigentum/Nichteigentum zu einem* (bloßen!) *Vollrecht/Vollnichtrecht,* das entleert bzw. als Nichtrecht angefüllt werden kann. Durch sie wird gleichsam Subtraktions- und Additionsfähigkeit gewonnen. Das eindeutige Entweder/Oder wird kompatibel mit einem Mehr oder Weniger an Rechten.

(4) *Die Unterscheidung von Eigentum im sachenrechtlichen Sinne und schuldrechtlichen Forderungen.* Durch sie wird die sozusagen kontextfreie Verkehrsfähigkeit des Eigentums unabhängig von der Gesamtrechtslage des jeweiligen Eigentümers/Nichteigentümers erreicht. Daran hängt die Möglichkeit, sich im Rechtsverkehr an der reinen Differenz von Eigentum/Nichteigentum zu orientieren.

(5) *Die Abstraktion von der Personalität des einzelnen Eigentümers.*

Die Zurechnung der Eigentumsrelation kann dadurch unabhängig gemacht werden von Einheit oder Mehrheit von Eigentümern und über die Konstruktion juristischer Personen auch von manchen, ja fast allen ihrer konkreten Eigenschaften.
Hält man sich diese Abstraktionsleistungen insgesamt und in ihrer Komplementarität vor Augen, dann erhellt, daß mit dem Rechtsinstitut des Eigentums jedenfalls und mindestens immer die Verfügbarkeit eines binären Schematismus im Wirtschaftsverkehr garantiert, aber nicht problematisiert wird. Wer davon »profitiert«, ist eine zweite Frage, die mehr direkte oder mehr indirekte Antworten finden kann[153]. Und ebenso ist damit in keiner Weise ausgemacht, welche unübersehbaren Wirkungsreihen die Existenz einer Eigentumsordnung und Eigentumsverteilung ins Rollen bringt.
Bei aller Anerkennung dieser bedeutsamen Leistungen wird man mit der Rechtsdogmatik über die Funktion und die Zukunft dieses Schematismus als solchen verhandeln wollen. Die Rechtsdogmatik hat das Problem bisher nicht in dieser Weise gestellt. Dafür mag es immanente, konstruktionstechnische Gründe gegeben haben. Außerdem sind die begrifflichen und terminologischen Schwierigkeiten zu bedenken, die bei solchen Dichotomien mit eingebauter Präferenz auftreten. Ähnlich wie die Erörterung des binären Schematismus Wahrheit/Unwahrheit die Wissenschaftstheorie zur Bildung eines abstrakteren Begriffs der »Wahrheitsfähigkeit« gezwungen hat, um die Möglichkeit eines Satzes, wahr oder unwahr zu sein, zu bezeichnen, braucht auch die Theorie der Wirtschaft einen abstrakteren Dispositionsbegriff, der die Einheit von Eigentum/Nichteigentum auf der Ebene des Systems der Wirtschaft bezeichnet. Denn »die Wirtschaft« – das sind die Nichteigentümer ebenso wie die Eigentümer und die einen als die anderen der anderen. Nur als Disjunktion kann die Härte und die Ungerechtigkeit des Eigentums auf einen gesellschaftlich und gesellschaftspolitisch adäquaten Begriff gebracht werden. Anders kommt man über die sozialpolitisch motivierte Naivität, die Eigentümer mit immer neuen Bindungen und »sozialen« Pflichten zu überhäufen[154] und die Position des anspruchsvollen Nichteigentümers immer attraktiver zu machen, nicht hinaus. Das ist naiv auch in dem Sinne, daß es undialektisch gedacht ist.
4. Die bisherigen Analysen zeigen, daß die rechtsdogmatische Abstraktionsleistung der Eigentumskategorie an einer Problemfassung hängt, die sich schlecht eignet, um die gesellschaftsstrukturelle Adäquität dieses Begriffs zu kontrollieren. Das schließt diese Adäquität natürlich nicht aus. Aber die Kontrollmöglichkeit geht mit der Übersetzung der Einheit der Disjunktion in eine Vielheit subjektiver

Rechte verloren – zumindest für die Rechtsdogmatik verloren. Nach dieser Reduktion kann man innerhalb des durch sie definierten Begriffsbereichs nur noch den Wert der Institution und ihre Funktion für das Subjekt betonen. Die Aufklärung dieser Problemtransformation macht es jedoch möglich, die dogmatische Kategorie an soziologische Analysen ihrer gesellschaftsstrukturellen Adäquität anzuschließen.

Zunächst rückt die verfassungsdogmatische Unterscheidung von Rechtsgarantie und Institutsgarantie (oder Einrichtungsgarantie) in ein neues Licht. Schon immer hatte man die Institutsgarantie nicht als eine Garantie des bloßen Bestandes oder der Summe aller Einzelrechte verstanden, sie aber doch eng an die Rechtsgarantie angeschlossen. Die Unterscheidung hatte ihren Ursprung in der Erfassung grundrechtsartiger Garantien, die keine volle Ausprägung in subjektive Einzelrechte vorsehen konnten[155]; von da her war man für übergreifende institutionelle Zusammenhänge sensibilisiert. Die Anwendung auf die Gewährleistung individueller Rechte blieb problematisch, wurde aber mit der terminologischen Differenzierung von institutionellen Garantien und Institutsgarantien nur unzureichend problematisiert. Am ehesten wird man die herrschende Auffassung dahin charakterisieren können, daß die Institutsgarantie normative Rahmenbedingungen der Möglichkeit subjektiver Eigentumsrechte betrifft und unter Verfassungsschutz stellt[156]. Von da her erscheint alle Sozialbindung als äußere Zutat, als Schranke des Eigentums, die neben der Garantie des Eigentums außerdem noch erforderlich sei – so als ob man versehentlich zu viel gegeben habe und einen Teil davon wieder zurücknehmen müsse.

Ich halte es nicht für möglich, dieses Problem hermeneutisch zu lösen dadurch, daß man den Gemeinwohlbezug oder die Sozialbindung als immanente Eigenschaft des Rechts selbst interpretiert. Das hieße, das Problem als ungelöstes in das Einzelrecht hineinzuverlagern, wenn nicht gar Sozialbindung dem Eigentümer als Gesinnung und Verwaltungsmaxime zuzumuten. Das führt zu einer falschen Moralisierung technischer Probleme. Außerdem wäre so die erforderliche und vorgesehene (Art. 14 I 2 GG) legislative Variabilität schwer zu verstehen, denn in dem Maße, als die Sozialbindung zum Recht selbst gehört, greifen Änderungen der Sozialbindung in das Recht selbst ein.

Begreift man dagegen die Institution Eigentum als binäre Schematisierung von Haben und Nichthaben und ihre Funktion als entsprechende Strukturierung wirtschaftlich relevanter Kommunikationen, wird deutlicher, wie Institutionsgarantie und Rechtsgarantie sich unterscheiden. Die Institutionsgarantie betrifft die Erhaltungsbedingungen der Disjunktion. Die Ausformung in subjektive Rechte, die das Nichthaben außer sich haben, ist ihr Instrument. Da aller Verkehr zwischen Eigentümer und Nichteigentümer wechselseitige Rollenantizipation auf der Ebene der Erwartbarkeit der Erwartungen des anderen voraussetzt, spiegelt sich im Eigentum das Nichteigentum und im Nichteigentum das Eigentum. *Beiden* Positionen ist die *jeweils andere* immanent.

Das Rechtsproblem besteht darin, daß diese spiegelbildliche Symmetrie auf einer Asymmetrie aufbaut, sie voraussetzt und nur durch sie erhalten werden kann. Die Asymmetrie in der Symmetrie muß daher mitjuridifiziert werden. Formal geschieht das im Anschluß an die unterschiedlichen Möglichkeiten der Spezifikation von Eigentum und Nichteigentum. Spezifiziert werden Rechte und Pflichten des Eigentümers, denn er bietet die besseren Zugriffsmöglichkeiten. Die Nichteigentümer sind jeweils alle anderen, ein unbestimmtes Volk mit schwer qualifizierbaren Interessen. Auch das Nichteigentum steht unter Verfassungsschutz, der Regelungsansatz liegt aber im allgemeinen beim Eigentum und nur ausnahmsweise, vor allem im Falle der Enteignung, bei einer Spezifikation und Konditionalisierung der Rolle eines Nichteigentümers[157]. Inhaltlich muß die Asymmetrie als unterschiedliche Attraktivität der Positionen gewährleistet werden (was die Formulierung »Privatnützigkeit« nicht ganz zureichend zum Ausdruck bringt). Eine Flucht aus dem Eigentum (etwa wegen der damit verbundenen Lasten und Arbeitsnotwendigkeiten) wäre symptomatisch dafür, daß der Verfassungszweck nicht erreicht ist. Man kann hier ganz konkret an Entvölkerung des Landes denken, aber auch an die Probleme der Erhaltung historisch oder künstlerisch wichtiger Bauten. In jedem Falle muß das Gesamtprogramm verfassungsmäßiger Eigentumspolitik immer die Einheit von Eigentum und Nichteigentum im Auge behalten, da man das eine nicht ohne das andere schaffen, erhalten, konditionalisieren oder als Motivstruktur in Dienst nehmen kann.

5. Eine weitere Überlegung stützen wir auf die These, daß eine binäre Schematisierung von Kommunikationsprozessen durch die Ausdifferenzierung funktional spezifizierter Teilsysteme des Gesellschaftssystems ermöglicht wird und mit dem Grade der Ausdifferenzierung variiert. Für Eigentumsfragen ist die Ausdifferenzierung der Wirtschaft die ausschlaggebende Variable. Erst mit der Ausdifferenzierung der Wirtschaft wird der Gegensatz von Haben und Nichthaben zur Einheit, die etwas anderes sich gegenüber hat. Die zunehmende Herauslösung der Wirtschaft aus Funktionsbindungen anderen Typs, etwa religiöser, moralischer, politischer, häuslicher, standesmäßiger Art, verändert die Dichotomisierung

von Haben und Nichthaben. Sie verschärft und sie entlastet den Schematismus. Sie verschärft ihn, indem sie Rücksichten eliminiert und dem Eigentümer sein Eigentum zu formal beliebiger, der Sache nach rationaler Verwendung im Kontext der Wirtschaft freigibt. Rationalität und Beliebigkeit konvergieren in dem Maße, als rationale Verwendung zur Bedingung der Erhaltung von Eigentum wird. Entlastet wird der Schematismus von Haben und Nichthaben in dem Maße, als er für außerwirtschaftliche Funktionszusammenhänge nichts besagt, nämlich Ungleichheiten des Eigentums nicht in andere Teilsysteme der Gesellschaft überträgt – wenn also für den Eigentümer nicht häufiger Messen gelesen werden, nicht bessere Erziehungschancen, bessere Prozeßchancen im Rechtssystem, bessere Wahlchancen für politische Ämter, bessere Chancen der Heilung im Krankheitsfalle usw. bereitgehalten werden als für den Nichteigentümer.

Daß solche Dissoziierungen, obwohl in Religion, Recht und Politik seit den Anfängen der antiken Hochkulturen moralisch postuliert, in der gesellschaftlichen Realität nur sehr unvollkommen realisiert worden sind, ist bekannt. Vor allem Familien- und Schichtungsstrukturen haben verhindert, daß die Differenzierung auf der Rollenebene Extremwerte erreichte. Sie ist in der bürgerlichen Gesellschaft der Neuzeit gleichwohl in einem Maße durchgeführt, das historisch ohne Parallelen ist. Nur dadurch ist dann auch Eigentum als Eigentum angreifbar geworden.

Aus dieser Analyse ergeben sich gesellschaftspolitische und rechtspolitische Fragestellungen. Der Schematismus des Eigentums ist nur bei verschärfter Ausdifferenzierung und bei Isolierung auf ein rein ökonomisches Faktum zu halten und außerdem nur dann, wenn die Beliebigkeit des Verhaltens durch Gefahr des Verlustes zu ökonomischer Rationalität gezwungen wird – etwa durch kombinierten Einsatz von Marktzwängen, Steuern, Inflation, Verfallstempo der Güter oder anderer Mittel, die ökonomische Rationalität weniger verzerren. Zur funktionsspezifischen Isolierung des Eigentums gehören Maßnahmen auf dem Gebiet der Bildungs- und Gesundheitspolitik – in manchen Ländern sicher auch Reformen des Rechtssystems. Eigentümer mag dann werden, wer an Wirtschaft (einschließlich Konsum) echt interessiert ist, unter relativer Achtung und Toleranz seitens der Nichteigentümer. Bei all dem ist, soziologisch und empirisch gesehen, unsicher, welche Grenzwerte man unter Beibehaltung der Institution Eigentum erfolgreich anstreben kann.

6. Im Abstrakten ist schwer auszumachen, wie sich eine solche rechtspolitische Kontrolle von unnötigen »spill over effects« des Eigentums vollziehen könnte. Das liegt nicht zuletzt daran, daß die da-

mit zusammenhängenden Probleme rechtstechnisch gesehen durchaus nicht notwendigerweise in der Form von Konflikten über Art, Umfang und Ausübungsschranken eines Eigentumsrechts auftreten müssen; schon die Möglichkeit, vom Eigentum Gebrauch zu machen, diskriminiert zum Beispiel in einer juristisch noch gar nicht greifbaren Weise. Korrektive nehmen deshalb rechtstechnisch sehr vielfältige Formen an, sie werden zum Beispiel weithin über die Programme für öffentliche Organisations- und Dienstleistungen gesteuert.

Deutlicher zeichnet sich dagegen innerhalb der juristischen Dogmatik eine Tendenz zur *Differenzierung von Eigentumsbeschränkungen nach Maßgabe von Verwendungskontexten ab*. Die Preisauszeichnungspflicht trifft den Eigentümer nur, sofern er seine Ware zum Verkauf feilhält. Die Mitbestimmungsdiskussion trifft Eigentümer, sofern sie Wirtschaftsunternehmen betreiben. Die Bodengesetzgebung ist an einen wiederum anderen Eigentümerkreis adressiert. Für alle diese Fälle eine einheitliche Formel des Ausgleichs von Freiheit und Beschränkung zu ersinnen, ist offensichtlich schwierig und würde dem Verlangen nach ausreichender Detaillierung und Tiefenschärfe des Regelungsinstrumentariums nicht gerecht werden. Aber man könnte sich einheitliche Problemstellungen denken, die je nach Kontext zu unterschiedlichen Regelungen führen.

Einen Ausgangspunkt finden wir in der Einsicht, daß hier keineswegs das sozusagen nachbarliche, nur gelegentlich konfliktträchtige Verhältnis von Eigentümer zu Eigentümer zu regeln ist, sondern das Verhältnis von Eigentümer und Nichteigentümer – also der binäre Schematismus selbst. Dabei suggeriert die Formel »der Nichteigentümer« eine falsche Konkretheit; es geht nicht um das Verhältnis zwischen Reichem und Armem, zwischen Wohlhabendem und Bedürftigem, sondern um das Verhältnis zum *generalisierten* Nichteigentum. Ein einzelner Nichteigentümer kann durchaus reicher und mächtiger sein als der Eigentümer, um dessen Gut es jeweils geht. Als Nichteigentümer ist die generalisierte Rolle des Eigentümers selbst zu begreifen – sein mit Hilfe einer Negation generalisiertes Alter Ego[158].

So generell, wie das Problem gestellt werden muß, kann es weder dogmatisch noch rechtstechnisch gelöst werden. Nach dieser Problemausweitung, die weit über die klassische Gegenseitigkeitsgeneralisierung unter der Bedingung von Gleichheit hinausgeht, bleibt in der Tat nur noch die Möglichkeit einer kontextspezifischen funktionalen Differenzierung von Problemlösungen. »Der« Nichteigentümer wird im Bodenrecht durch andere Operationalisierungen zu vertreten sein als im Recht des Warenverkehrs oder im Recht der organisierten Arbeit. In allen Fällen geht es nicht um einen zusammenfassenden Ausdruck für Interessen – etwa gar für das Interesse des Nichteigentümers am Eigentum, das sich aufs Ganze gesehen aufhebt –, sondern um die operativen Bedingungen, unter denen eine schematisierte Differenz von Haben und Nichthaben sinnvoll ist. Im Recht der Wirtschaftsorganisationen und der organisierten Arbeit kann zum Beispiel im Zusammenhang mit Eigentum die Erhaltung des Kapitalbildungs- und Investitionsmotivs eine Rolle spielen, während dieses Motiv im Bodenrecht zurücktritt. Die Kontexte können differenzieren unter dem Gesichtspunkt, ob und wieweit Nichteigentümer organisationsfähig sind und über Organisation ihrerseits partikulare Interessen ausbilden – etwa im Sinne des Mitbestimmungsinteresses der Gewerkschaften. Sie differieren in der Frage sinnvoller Belastungs- und Entmutigungsgrenzen bis hin zu der Schwelle, an der schließlich auch der Eigentümer kommt und unter Berufung auf Demokratie Mitbestimmung bei der Verwaltung seines Eigentums verlangt. Bei der Abgrenzung und der Analyse solcher kontextspezifischen Strukturen wird die soziologische Analyse dem Juristen helfen können.

7. Verfeinerungen dieser Art entbinden nicht davon, sich die Frage zu stellen, ob das Eigentum unter diesen Bedingungen seine tragende Funktion als binärer Schematismus der Wirtschaft behalten wird. Die Entwicklung läßt sich soziologisch nicht voraussehen – nicht zuletzt deshalb nicht, weil bewußtes Handeln zu stark interveniert. Was sich deutlicher abzeichnet, ist eine mehr oder weniger fortgeschrittene und zunehmende Tendenz zur Auflösung des Eigentums klassischer Prägung durch *Dissoziierung von Haben und Können.* Man kann heute vieles, ohne etwas zu haben, und umgekehrt gibt Haben als solches immer weniger »Vermögen« an die Hand[159]. Die Rechtsdogmatik sollte sich an der Diskussion und an Versuchen einer genaueren begrifflichen Fassung dieser Erscheinung beteiligen, die die Identität von Eigentum zentral tangiert. Als Soziologe könnte man vermuten, daß diese Entwicklung durch eine zunehmende Differenzierung zweier Ebenen der Systembildung getragen und begünstigt wird, nämlich durch die Differenzierung von Gesellschaftssystem und organisierten Systemen[160].

Dieser Zusammenhang wird nur verständlich, wenn man die Gesellschaft mitsamt ihren Teilsystemen von den organisierten Sozialsystemen mit begrenzter, regulierter Mitgliedschaft begrifflich unterscheidet. Jeder nimmt teil (partizipiert!), wenn auch in unterschiedlichem Maße, an der Gesellschaft und ihren Teilsystemen für Wirtschaft, Politik, Recht, Erziehung, Wissenschaft usw., aber nur einige arbeiten bei Krupp, sind Gewerkschaftsmitglieder, gehören dem Rotary-Club an. Die Ordnungsleistung des Eigentums liegt nun trotz aller Differenzierung der Gesellschaft und trotz hochgradiger Ausdifferenzierung ihres Wirtschaftssystems immer noch auf der Ebene der Gesellschaft selbst. Das Eigentum schematisiert, mit anderen Worten, Verkehr zwischen Beliebigen[161], nicht dagegen organisationsinternes Mitgliederverhalten.

Das Eigentum ist in der bürgerlichen Gesellschaft zugleich Hebel der Differenzierung von Gesellschaftssystem und Organisationssystemen im Bereich der Wirtschaft gewesen. Es ermöglichte Organisationsbildung. Dabei hatte man angenommen, organisationsinternes Verhalten aufgrund der absolut gesetzten Differenz von Eigentum/Nichteigentum steuern zu können. Diese Annahme ist heute in allen komplexen Organisationen als Illusion widerlegt. Mehr und mehr ist der Eigentümer reduziert worden auf die Funktion des Umweltfaktors Kredit[162].

Wie alle Umweltfaktoren nimmt auch Eigentum auf organisationsinternes Geschehen Einfluß. Die Frage ist nicht, ob dies geschieht und wer etwa davon profitiert, sondern in welcher Form, unter welchen Kriterien und mit welchen Folgen. Juristische Erörterungen dieses Problemkreises leiden oft unter unsicheren und unergiebigen, von Gegnern der Eigentumsordnung aufgedrängten Fragestellungen[163]. Auch soziologische, politologische und wirtschaftswissenschaftliche Untersuchungen sind sich in der Fragestellung keineswegs einig, aber sie könnten den Juristen Anregungen bieten. Ein brauchbarer Ansatz ist zum Beispiel die Frage nach Korrelationen zwischen Umweltfaktoren, Kontrollkriterien und internen Prozessen der Mittelverteilung[164]. Vergleicht man unter diesem Gesichtspunkt eigentumsgesteuerte Organisationen mit politisch gesteuerten Organisationen, so liegt (bei noch ganz unzureichendem Forschungsstand) die Hypothese nahe, daß Eigentum unter höher abstrahierten Kontrollkriterien operiert, namentlich unter Profitgesichtspunkten, Politik dagegen sehr viel konkreter in die organisationsinternen Prozesse der Mittelverteilung eingreift und insofern System und Umwelt diffuser und multifunktionaler verbindet. Das hat Konsequenzen für den Grad gesellschaftlicher Ausdifferenzierung und Selbstbeweglichkeit von Organisationssystemen. Was sinnvoller ist, läßt sich abstrakt nicht sagen. Es ist jedenfalls kein allein ausreichendes Argument für Eigentumsverfassungen, daß sie im Vergleich zur reinen Managersteuerung und erst recht im Vergleich zur politischen Steuerung mit höheren Profiten aufwarten kann[165]; denn Profite sind zwar gute Indikatoren für die Abstraktheit, nicht ohne weiteres aber auch für die gesamtgesellschaftliche Rationalität von Systemsteuerung.

Vermutlich sind der Umsetzung von Eigentum in Entscheidungsprozesse, ganz abgesehen von Fragen der Rationalität, auch durch die Struktur organisierter Sozialsysteme enge Grenzen gesetzt. (Der Rückzug auf höher abstrahierte Kontrollkriterien ist also nicht ganz freiwillig!) Die organisationsinterne Kommunikation hat nicht die Form eines Tausches und setzt daher binäre Schematisierung auch nicht in der Form des Eigentums voraus. Überhaupt eignet sich Eigentum, mag es nun Macht verleihen oder nicht, nicht zur binären Schematisierung von Macht; dafür kommen nur Recht oder in organisierten Sozialsystemen rechtsanaloge Schematisierungen konformen bzw. abweichenden Verhaltens[166] in Betracht. Aus ähnlichen Gründen versagt der Geldmechanismus bei der Steuerung organisationsinterner Prozesse. Andererseits gelingt in organisierten Sozialsystemen auf der Basis formalisierter Regeln die vollständige Dissoziierung von Haben und Können. Man handelt in Organisationen auf der Basis formalisierten Könnens, auf der Basis von *Kompetenzen*.

Auch Kompetenz ist ein binärer Schematismus: Man kann oder man kann nicht, und das »zuständige« Können des einen schließt (anders als beim Sport usw.) das Können anderer aus. Ein Vergleich von Eigentum und Kompetenz hätte außerdem zu beachten, daß in beiden Fällen ein binärer Schematismus Bindungswirkungen und damit Progression auf der Basis gesetzter Prämissen ermöglicht[167]. Die Bindung bezieht sich im Falle des Eigentums jedoch auf Wirtschaftspotential, im Falle der Kompetenz auf Machtpotential. Eigentum bindet Geld in (schwer liquidierbare) Investitionen, Kompetenz bindet Macht in die Form von Entscheidungen, die als Prämissen weiterer Entscheidungen fungieren. Mit diesem Vergleich[168] wird jedoch eine Gleichgewichtigkeit suggeriert, die nicht besteht, da Eigentum an die Gesellschaftsebene, Kompetenz an die Organisationsebene gebunden bleibt.

Der Umstand, daß auf der Ebene organisierter Sozialsysteme reine, eigentumslose Kompetenz verfügbar ist, andererseits aber das Gesellschaftssystem mit seinen heute weltweiten Verflechtungen insgesamt nicht organisiert werden kann – dieser Umstand dürfte für die Zukunft des Eigentums von weittragender Bedeutung sein. Die Identität von Haben und Können im Eigentum wird durch die bloße Existenz und die gesellschaftliche Unentbehrlichkeit von Organisationen diskreditiert. Andererseits gelingt es (bisher jedenfalls) nicht, auf gesamtgesellschaftlicher Ebene den binären Schematismus des Eigentums voll durch organisierte Kompetenz zu ersetzen. Ansätze dazu in den sozialistischen Planungssystemen des Ostens führen zu einer Re-Politisierung des Gesellschaftssystems, dessen Folgen für andere Funktionsbereiche nicht abzusehen sind. Und Versuche, den Kompetenzbegriff als solchen von der Organisationsebene auf die Gesellschaft und ihre Teilsysteme zu übertragen, muten eher hilflos, bestenfalls aristotelisch an[169].

Selbst bei größerer Tiefenschärfe könnte aus dieser Analyse weder soziologisch noch juristisch ein eindeutiges Fazit gezogen werden. Man kann vor allem nicht unterstellen, daß es in dieser Situation nur eine einzig richtige Entwicklungsrichtung gebe, die man, sei es herbeizuführen, sei es zu akzeptieren hätte. Die Bezüge für gesellschaftsadäquate Rechtsbegriffe sind objektiv unscharf geworden in dem Maße, als sich Funktionen von der gesamtgesellschaftlichen Ebene in gesellschaftliche Teilsysteme und durch deren Vermittlung in Organisationen verlagern, das Problem hoher Gesamtkomplexität und unübersehbarer Interdependenzen hinterlassend. Das sollte am Beispiel des Eigentums vorgeführt werden.

Die Analyse ist zugleich exemplarisch gemeint für die Frage nach der Zukunft juristischer Dogmatik. Das soll nicht etwa heißen, daß die Rechtsdogmatik mit dem Eigentum steht oder fällt. Stehen oder fallen wird sie mit der Frage, ob es noch möglich ist, juristische Abstraktions- und Reflexionsleistungen auf ein der gesellschaftlichen Lage entsprechendes Niveau zu bringen oder ob die weitere Entwicklung des Rechts auf die Gesetzgebung und damit in weitem Umfange auf die Politik übergehen wird.

Anmerkungen

1 Vgl. die Klage des Herausgebergremiums der Zeitschrift für Soziologie 2 (1973), S. 1 ff. über die Angebotslage.
2 Siehe dazu Gilbert Geis, Sociology and Sociological Jurisprudence: Admixture of Lore and Law, Kentucky Law Review 52 (1964), S. 267–293.
3 Vgl. dazu Talcott Parsons, The System of Modern Societies, Englewood Cliffs N. J. 1971; passim; ferner etwa James W. Hurst, Law and Economic Growth: The Legal History of the Lumber Industry in Wisconsin 1836–1915, Cambridge Mass. 1964, für anschauliche Details. Die Verschiedenartigkeit der mit industrieller Entwicklung kompatiblen Rechtskulturen zeigt im übrigen, daß man die Zusammenhänge nicht zu konkret ansetzen darf, sondern sie in der Ausdifferenzierung und im adäquaten Abstraktionsvermögen des Rechtssystems sehen muß.
4 Vgl. Niklas Luhmann, Die Weltgesellschaft, Archiv für Rechts- und Sozialphilosophie 57 (1971), S. 1–35.
5 Vgl. z. B. Konrad Zweigert, Rechtsvergleichung, System und Dogmatik, Festschrift für Eduard Bötticher, Berlin 1969, S. 443–449; Josef Esser, Möglichkeiten und Grenzen des dogmatischen Denkens im modernen Zivilrecht, Archiv für die civilistische Praxis 172 (1972), S. 97–130; Werner Krawietz, Funktion und Grenze einer dogmatischen Rechtswissenschaft, Recht und Politik 1970, S. 150–158; ders., Was leistet die Rechtsdogmatik in der richterlichen Entscheidungspraxis, Österreichische Zeitschrift für öffentliches Recht 23 (1972), S. 47–80.
6 Vgl. dazu auch die Würdigung der Begriffsjurisprudenz durch Werner Krawietz, Begriffsjurisprudenz, in: Joachim Ritter (Hrsg.), Historisches Wörterbuch der Philosophie, Bd. I Basel–Stuttgart 1971, Sp. 809–813; ferner auch ders., Juristische Methodik und ihre rechtstheoretischen Implikationen, Jahrbuch für Rechtssoziologie und Rechtstheorie 2 (1972), S. 12–42 (19 ff.). Eugen Bucher, Was ist Begriffsjurisprudenz?, Zeitschrift des Bernischen Juristenvereins 102 (1966), S. 274–304.
7 Hierzu bemerkenswert Erwin Fahlbusch, Konfessionalismus, Evangelisches Kirchenlexikon Bd. II, Göttingen 1958, Sp. 880–884.
8 Zur theologischen Problematisierung der Glaubensgewißheit vgl. etwa Karl Heim, Das Gewißheitsproblem in der systematischen Theologie bis zu Schleiermacher, Leipzig 1911; Paul Althaus, Die Prinzipien der deutschen reformierten Dogmatik im Zeitalter der aristotelischen Scholastik, Leipzig 1914, Neudruck Darmstadt 1967. Zur anschließenden Verwendung des Systembegriffs vgl. Otto Ritschl, System und systematische Methode in der Geschichte des wissenschaftlichen Sprachgebrauchs und der philosophischen Methodologie, Bonn 1906; Robert Spaemann, Reflexion und Spontaneität: Studien über Fénelon, Stuttgart 1963, S. 60 ff.; Friedrich Kambartel, »System« und »Begründung« als wissenschaftliche und philosophische Ordnungsbegriffe bei und

vor Kant, in: Jürgen Blühdorn/Joachim Ritter (Hrsg.), Philosophie und Rechtswissenschaft: Zum Problem ihrer Beziehungen im 19. Jahrhundert, Frankfurt 1969, S. 99–113. Speziell zur Geschichte des rechtswissenschaftlichen Systembegriffs ferner Helmut Coing, Geschichte und Bedeutung des Systemgedankens in der Rechtswissenschaft, Frankfurt 1956; Mario G. Losano, Sistema e struttura nel diritto, Vol. I Dalle origine alla scuola storica, Turin 1968; Hans Erich Troje, Wissenschaftlichkeit und System in der Jurisprudenz des 16. Jahrhunderts, in: Blühdorn/Ritter a.a.O. (1969), S. 63–88.
9 a.a.O.
9a Vgl. François Jacob, Die Logik des Lebendigen: Von der Urzeugung zum genetischen Code, dt. Übers., Frankfurt 1972, S. 86 ff.
10 Zu diesem Konzept Niklas Luhmann, Systemtheoretische Beiträge zur Rechtstheorie, in: Jahrbuch für Rechtssoziologie und Rechtstheorie 2 (1972), S. 255–276. Vgl. ferner Heino Garrn, Rechtsproblem und Rechtssystem, Bielefeld 1973, S. 19 ff.
11 Verständlicherweise lag es für Jhering fern, in seiner polemischen Wendung zu einem Begriff des Rechts als einer gesellschaftsimmanenten Kraft ausgerechnet die aufs Analytische festgelegte System-Terminologie zu übernehmen und seinen Zwecken anzupassen. Vgl. dazu Helmut Coing, Der juristische Systembegriff bei Rudolph von Jhering, in: Jürgen Blühdorn/Joachim Ritter (Hrsg.), Philosophie und Rechtswissenschaft, Frankfurt 1969, S. 149–171. Er bevorzugte eine direktere, teils naturwissenschaftlich, teils anthropologisch, teils gesellschaftswissenschaftlich angeregte Sprache. Dazu und zu heutigen Anschlußmöglichkeiten Helmut Schelsky, Das Jhering-Modell des sozialen Wandels durch Recht – Ein wissenschaftsgeschichtlicher Beitrag, Jahrbuch für Rechtssoziologie und Rechtstheorie 3 (1972), S. 47–86.
12 Gegen derartige Vorschläge mit Recht Miguel Reale, Il diritto come esperienza, ital. Übersetzung Mailand 1973 (Orig. O direito como experiência, São Paulo 1968), S. 288 Anm. 25.
13 Entsprechendes zeigt Knut Amelung am strafrechtlichen Begriff des Rechtsguts. Vgl. Rechtsgüterschutz und Schutz der Gesellschaft, Frankfurt 1972 (zur Gesetzgebungsabhängigkeit insb. S. 187 ff., 207 ff., 249 f.); ferner ders. in einer Rezension in: Zeitschrift für die gesamte Strafrechtswissenschaft, Inlandsteil 22 (1972), S. 1015–1026.
14 Vgl. Ottmar Ballweg, Rechtswissenschaft und Jurisprudenz, Basel 1970; Aleksander Peczenik, Towards a Juristic Theory of Law, Österreichische Zeitschrift für öffentliches Recht 21 (1971), S. 167–182; Klaus Adomeit, Zivilrechtstheorie und Zivilrechtsdogmatik – mit einem Beitrag zur Theorie des subjektiven Rechts, Jahrbuch für Rechtssoziologie und Rechtstheorie 2 (1972), S. 503–522.
15 Vgl. zu diesem Problem auch Peczenik, a.a.O. S. 176, ferner die Bemerkungen von Esser a.a.O. (1972), S. 122 zum allzu hastigen Arbeitsrhythmus der neueren dogmatischen Entwicklungen.
16 Siehe statt anderer Spiros Simitis, Die Bedeutung von System und Dogmatik – dargestellt an rechtsgeschäftlichen Problemen des Massenverkehrs, Archiv für die civilistische Praxis 172 (1972), S. 131–154.
17 Siehe statt anderer Christian Stark, Empirie in der Rechtsdogmatik, Juristenzeitung 27 (1972), S. 609–614.
18 Vorfragen der Rechtssoziologie, Zeitschrift für vergleichende Rechtswissenschaft 45 (1930), S. 1–78 (29 f.). Auch für Hans Albert, Erkenntnis und Recht: Die Jurisprudenz im Lichte des Kritizismus, Jahr-

buch für Rechtssoziologie und Rechtstheorie 2 (1972), S. 80–96 ist die Immunisierung gegen Kritik (z. B. durch Anerkennung der Autorität einer bloß faktischen Normsetzung) das Merkmal von Dogmatiken – und Kritizismus daher das heilende, zur Erkenntnis führende Gegengift.

19 Dazu Paul Watzlawick/Janet H. Beavin/Don D. Jackson, Pragmatics of Human Communication: A Study of Interactional Patterns, Pathologies, and Paradoxes, New York 1967, insb. S. 102.
20 Die gleiche Blickwendung läßt sich im Falle religiöser Dogmatiken vollziehen. Hierzu Niklas Luhmann, Religiöse Dogmatik und gesellschaftliche Evolution, in: Karl-Wilhelm Dahm/Niklas Luhmann/Dieter Stoodt, Religion – System und Sozialisation, Darmstadt–Neuwied 1972, S. 15–132.
21 So für »dogmatische Theorien« auch Adalbert Podlech, Rechtstheoretische Bedingungen einer Methodenlehre juristischer Dogmatik, Jahrbuch für Rechtssoziologie und Rechtstheorie 2 (1972), S. 491–502.
22 Vgl. z. B. Josef Esser a.a.O. (1972); ferner ders., Herrschende Lehre und ständige Rechtsprechung, in: Dogma und Kritik in den Wissenschaften, Mainzer Universitätsgespräche Sommersemester 1961, Mainz 1961, S. 26–35; ders., Vorverständnis und Methodenwahl in der Rechtsfindung: Rationalitätsgarantien der richterlichen Entscheidungspraxis, Frankfurt 1970, S. 87ff.; Theodor Viehweg, Zwei Rechtsdogmatiken, Festschrift Carl August Emge, Berlin 1960, S. 106–115; ders., Ideologie und Rechtsdogmatik, in: Werner Maihofer (Hrsg.), Ideologie und Recht, Frankfurt 1969, S. 83–96; Franz Wieacker, Zur praktischen Leistung der Rechtsdogmatik, in: Hermeneutik und Dialektik, Hans-Georg Gadamer zum 70. Geburtstag, Tübingen 1970, Bd. II S. 311–336; Hans Dölle, Rechtsdogmatik und Rechtsvergleichung, Rabels Zeitschrift 34 (1970), S. 403–410; Winfried Brohm, Die Dogmatik des Verwaltungsrechts vor den Gegenwartsfragen der Verwaltung, Veröffentlichungen der Vereinigung der Deutschen Staatsrechtslehrer 30 (1972), S. 245–312 (246ff.).
23 Dazu allgemein für Begriffe Wendell R. Garner, Uncertainty and Structure as Psychological Concepts, New York–London 1962.
24 Vgl. den systemtheoretischen Begriff der »relevant uncertainties« bei F. E. Emery, The Next Thirty Years: Concepts, Methods and Anticipations, Human Relations 20 (1967), S. 199–237 (223).
25 Zu einer entsprechenden Interpretation des »Wertes« der Rechtssicherheit vgl. Niklas Luhmann, Gerechtigkeit in den Rechtssystemen der modernen Gesellschaft, Rechtstheorie, 4 (1973), S. 131–167 (161ff.).
26 Dazu unter evolutionärem Gesichtspunkt Niklas Luhmann, Rechtssoziologie, Reinbek 1972, Bd. I, S. 177ff.
27 Erst durch Bezug auf Regeln erscheinen »Fälle« als kontingent. Vgl. dazu Lothar Eley, Transzendentale Phänomenologie und Systemtheorie der Gesellschaft: Zur philosophischen Propädeutik der Sozialwissenschaften, Freiburg 1972, S. 43 ff. – Die juristische Literatur interessiert sich für den Fall dagegen nur unter dem engeren Gesichtspunkt einer Methodologie der Rechtsanwendung. Vgl. etwa Joachim Hruschka, Die Konstitution des Rechtsfalles: Studien zum Verhältnis von Tatsachenfeststellung und Rechtsanwendung, Berlin 1965; Karl Larenz, Fall – Norm – Typus: Eine rechtslogische Studie, in: Festgabe für Hermann und Marie Glockner, Bonn 1966, S. 149–164; Werner Hardwig, Die methodologische Bedeutung von Rechtsfällen für die

Behandlung rechtswissenschaftlicher Probleme, Juristische Schulung 7 (1967), S. 49–54.
28 Dazu illustrativ Rüdiger Lautmann, Justiz – die stille Gewalt, Frankfurt 1972, S. 143 ff.
29 Nach diesen Bestimmungen schließen Kasuistik und Dogmatik sich in der Realität des Rechtssystems keineswegs aus. Dennoch unterscheiden sich Argumentationsstil und Steigerungsinteressen (Mehrleistungsinteressen) im rechtlichen Entscheidungsprozeß erheblich je nachdem, ob mehr von Fällen (vielen Fällen, berühmten Fällen, wichtigen Fällen usw.) oder mehr von Prinzipien und Begriffen her argumentiert wird. Und entsprechend unterscheiden sich die »Sinnablagerungen«, die die laufenden Entscheidungsprozesse des Rechtssystems hinterlassen.
30 Dies läßt sich anhand der »Dispositionsbegriffe« der Erkenntnistheorie wie Verifizierbarkeit, Falsifizierbarkeit, Operationalisierbarkeit, Entscheidbarkeit auch für das Wissenschaftssystem zeigen. Die Parallele bestätigt zugleich, daß Bedingungen der Möglichkeit selbst die Form von Modalbegriffen annehmen.
31 Anders Brohm a.a.O., S. 251, der die Dogmatik als »generelle Konkretisierung« auf einer Abstraktionsstufe zwischen Gesetzgebung und Fallentscheidung ansiedelt. Ähnlich Spiros Simitis, Die Bedeutung von System und Dogmatik – dargestellt an rechtsgeschäftlichen Problemen des Massenverkehrs, Archiv für die civilistische Praxis 172 (1972), S. 131–154. Die Dogmatik erscheint dann nur noch als Hilfe bei der Gesetzesanwendung, obwohl es durchaus gesetzesunspezifische Rechtsbegriffe gibt und obwohl es Rechtssysteme gegeben hat, die zwar Dogmatiken, aber nicht oder nicht in nennenswertem Umfange Gesetzgebung kannten.
32 Auch Simitis a.a.O. S. 251 lehnt diese Unterscheidung für die Rechtsdogmatik ab.
33 Das setzt freilich eine Absage an transzendentale Begründungen wissenschaftlicher Dispositionsbegriffe voraus, wie sie immer noch diskutiert werden. Vgl. z.B. Herbert Schnädelbach, Dispositionsbegriffe der Erkenntnistheorie: Zum Problem ihrer Sinnbedingungen, Zeitschrift für allgemeine Wissenschaftstheorie 2 (1971), S. 89–100.
34 Das unterstellt z. B. Podlech a.a.O., wenn er »Vertretbarkeit« und »Gerechtigkeit« als hinreichende Bedingung für die Annehmbarkeit einer dogmatischen Theorie ansieht.
35 Für einen allgemeinen Ausdruck dieses Gedankens siehe Thomas von Aquino, Summa Theologiae I q. 47 a. 1. Dazu auch Max Seckler, Das Heil in der Geschichte: Geschichtstheologisches Denken bei Thomas von Aquin, München 1964, S. 114 ff. Ferner als einschlägige Monographie: Arthur O. Lovejoy, The Great Chain of Being: A Study of the History of an Idea, Cambridge Mass. 1936.
36 Vgl. zu dieser Beurteilung Losano a.a.O., insb. S. 175 ff.
37 Vgl. dazu Aleksander Peczenik, Juristic Definition of Law, Ethics 78 (1968), S. 255–268 (258 f.).
38 Talcott Parsons verwendet an vergleichbarer Stelle den Begriff »coordination standard«, funktional bezogen auf das Integrationsproblem, und unterscheidet ihn ebenfalls von der grundlegenden Wertorientierung. Auch Parsons setzt die Institutionalisierung solcher Standards als besondere Bestandteile des Codes eines Systems in Bezug zum Ausmaß der Systemdifferenzierung. Für einen Überblick vgl. die Tafel 3 in: Talcott Parsons, Sociological Theory and Modern Society, New

York–London 1967, S. 353, für den Fall des sozialen Systems und die Tafel 3 in: Some Problems of General Theory in Sociology, in: John C. McKinney/Edward A. Tiryakian (Hrsg.), Theoretical Sociology: Developments and Perspectives, New York 1970, S. 27–68 (67), für den Fall des allgemeinen Aktionssystems.

39 Sowohl die alteuropäische Zeichentheorie als auch die transzendentalphilosophische Vorstellung des Begriffs als Einheit der Mannigfaltigkeit und schließlich auch die Formel der Reduktion von Komplexität drücken diese Ambivalenz entgegengesetzter Gebrauchsmöglichkeiten, die sich wechselseitig bedingen, nicht zureichend aus.

40 »Elle (la notion) n'est pas parfaite, ce qui serait un caractère positif, mais relativement dépouillée d'éléments accidentels, ce qui est un caractère négatif« (Emile Boutroux, De la contingence des lois de nature, 8. Aufl., Paris 1915, S. 33).

41 Dazu die Beobachtung von Esser a.a.O. (1972), S. 119: »Je differenzierter man sachlich die Kriterien macht, um so geringer ist ihre dogmatische Eindeutigkeit, und um so stärker tritt die bleibende Wertungsaufgabe hervor«. Es müßte allerdings präzisiert werden, was hier mit Verlust der Eindeutigkeit gemeint ist.

42 Hierzu am Beispiel der Reflexion Niklas Luhmann, Selbst-Thematisierung des Gesellschaftssystems: Über die Kategorie der Reflexion aus der Sicht der Systemtheorie, Zeitschrift für Soziologie 2 (1973), S. 21–46.

43 Vgl. Niklas Luhmann, Gerechtigkeit in den Rechtssystemen der modernen Gesellschaft, a.a.O.

44 Hierzu näher Niklas Luhmann, Rechtssoziologie 2 Bde., Reinbek 1972.

45 Vgl. Ottmar Ballweg, Rechtswissenschaft und Jurisprudenz, Basel 1970, insb. S. 100 ff.

46 Das Problem der »Rechtssicherheit« hängt mithin ab von dieser Art Ausdifferenzierung des Rechtssystems. Es stellt sich nur deshalb, weil die nachgeschalteten Konfliktentscheidungen als bloße Möglichkeit schon Funktionen übernehmen müssen.

47 Zum gleichen Sachverhalt im Falle der Logik (d. h. der binären Schematisierung von Wahrheit/Unwahrheit) vgl. Lothar Eley, Transzendentale Phänomenologie und Systemtheorie der Gesellschaft: Zur philosophischen Propädeutik der Sozialwissenschaften, Freiburg 1972, S. 68. Regelgebrauch setzt hier Jederzeitigkeit (und insofern Beliebigkeit) der Möglichkeit des Anfangens von Erkenntnisprozessen voraus, mithin Trennung und Synchronisierbarkeit von Gegenstand und Erkenntnis. Auch diese Leistung kann – Eley würde dem allerdings nicht zustimmen – nur durch Ausdifferenzierung eines funktional spezifizierten Systems von Erkenntnishandlungen (Wissenschaft) ermöglicht werden.

48 Siehe parallel dazu für die konkretere Ebene der Entscheidungsprogramme Niklas Luhmann, Lob der Routine, Verwaltungsarchiv 55 (1964), S. 1–33, neu gedruckt in ders., Politische Planung, Opladen 1971, S. 113–142.

49 Vgl. dazu Talcott Parsons, Some Problems of General Theory in Sociology, in: John C. McKinney/Edward A. Tiryakian (Hrsg.), Theoretical Sociology: Perspectives and Developments, New York 1970, S. 27–68 (30 f.).

50 The Process of Cognitive Tuning in Communication, The Journal of Abnormal and Social Psychology 61 (1960), S. 150–167.

51 Eine andere Frage ist, ob psychische Systeme sich im Hinblick auf die Komplexität ihrer kognitiven Strukturen untereinander unterscheiden und ob diese Komplexität eine Art erworbene Dauereigenschaft psychischer Systeme ist. Selbst wenn das der Fall wäre – auf die umfangreiche Forschung zu dieser Frage können wir hier nicht eingehen –, wäre damit offen, unter welchen Situationsbedingungen eine im System verfügbare kognitive Komplexität aktiviert wird.

52 Die Begriffe bei Zajonc heißen (in gleicher Reihenfolge): (1) degree of differentiation; (2) degree of complexity; (3) degree of unity und (4) degree of organization.

53 Wohlgemerkt handelt es sich hier *nicht* um die Kontrolle der Teile durch das Ganze, sondern um die relative Prominenz einzelner Teile in ihrer Fähigkeit, das Ganze zu kontrollieren – eine Systemqualität, die zum Beispiel durch hierarchische Strukturen sichergestellt werden kann.

54 Die geringfügigen Differenzen in bezug auf Interdependenz, die sich auch bei Konfrontierung mit inkongruenten Informationen nur unwesentlich verschieben, sind in sich selbst ein auffallender Befund. Sie könnten bedeuten, daß in der Fähigkeit, Umweltinterdependenzen als interne Interdependenzen abzubilden, der »Engpaß« kognitiver Kapazität überhaupt liegt, so daß das System in dieser Dimension auch nicht in der Lage ist, auf Situationen und Anforderungen mit unterschiedlichen Leistungen zu reagieren.

55 So z. B. Christian Stark, Empirie in der Rechtsdogmatik, Juristenzeitung 27 (1972), S. 609–614. Das gilt auch, wie namentlich die Untersuchungen von Klaus Jürgen Philippi, Tatsachenfeststellungen des Bundesverfassungsgerichts: Ein Beitrag zur rational-empirischen Fundierung verfassungsgerichtlicher Entscheidungen, Köln–Berlin–Bonn –München 1971, belegen, für empirische Prognosen. Sie werden unter Tatbestandskomponenten wie »gefährlich«, »erforderlich« subsumiert.

56 Der Bezug auf Fälle ist – wie fast alles am Begriff der Konstruktion – umstritten. Vgl. den umfassenden Überblick über die Kontroversen bei Giorgio Lazzaro, Storia e teoria della costruzione giuridica, Turin 1965.

57 Siehe etwa Victor A. Thompson, The Regulatory Process in OPA Rationing, New York 1950, S. 122 ff.; Herbert A. Simon, Birth of an Organization: The Economic Cooperation Administration, Public Administration Review 13 (1953), S. 227–236 (235 f.); Milton G. Weiner, Observations on the Growth of Information-Processing Centers, in: Albert H. Rubenstein/Chadwick J. Haberstroh, Some Theories of Organization, Homewood Ill. 1960, S. 147–156; und von rechtswissenschaftlicher Seite Josef Esser, Grundsatz und Norm in der richterlichen Fortbildung des Privatrechts, Tübingen 1956, zum Beispiel 159 ff., 218, 261 ff.

58 Zur Herkunft des »acceptio personae« – Topos aus der Richterpraxis siehe 5. Mose 1, 17; 5. Mose 10, 17; 2. Chronik 19, 7. Vgl. ferner Thomas von Aquino, Summa Theologiae II, II q. 63.

59 Zum Gegensatz von Universalismus und Partikularismus vgl. Talcott Parsons/Robert F. Bales/Edward A. Shils, Working Papers in the Theory of Action, Glencoe Ill. 1953, S. 45 ff., 81; Talcott Parsons, Pattern Variables Revisited, American Sociological Review 25 (1960), S. 467–483 (472). Zu Begriffs- und Operationalisierungsproblemen Peter M. Blau, Operationalizing a Conceptual Scheme: The Universa-

lism – Particularism Pattern Variable, American Sociological Review 27 (1962), S. 159–169; Harry A. Scarr, Measures of Particularism, Sociometry 27 (1964), S. 413–432. Als ein Anwendungsbeispiel siehe: Louis A. Zurcher, Jr./Arnold Meadow/Susan Lee Zurcher, Value Orientation, Role Conflict, and Alienation from Work: A Cross-Cultural Study, American Sociological Review 30 (1965), S. 539–548.

60 So z. B. Adalbert Podlech, Wertungen und Werte im Recht, Archiv des öffentlichen Rechts 95 (1970), S. 185–223, und ders., Recht und Moral, Rechtstheorie 3 (1972), S. 129–148, mit dem wichtigen Zusatz, daß im Falle des Rechts sich die Begründungslast umkehre zu Lasten dessen, der gegen geltendes Recht argumentiert.

60a Diese Frage stellt auch Wolfgang Naucke, Über die juristische Relevanz der Sozialwissenschaften, Frankfurt 1972, S. 40 ff., um sofort erhebliche und berechtigte Zweifel anzumelden. Leider übersieht Naucke infolge seines Insistierens auf Praxisnähe, daß viele seiner Argumente gegen die juristische Relevanz der Sozialwissenschaften auf den Juristen selbst zurückfallen. Im übrigen bleibt gerade dieses Insistieren als Argument abstrakt.

60b Vgl. dazu mit reichem Material, das die konstruktive ebenso wie die zersetzende Wirkung der Folgenorientierung deutlich belegt, Jean Patarin, Le problème de l'équivalence juridique des résultats, Paris 1954.

61 Vgl. Kenneth J. Arrow, Social Choice and Individual Values, New York–London 1951. Zur anschließenden Diskussion siehe auch Hubertus Hoernke, Politische Entscheidung als Sozialwahl, Zeitschrift für die gesamte Staatswissenschaft 127 (1971), S. 529–546.

62 Vgl. als eine solche Ausnahme Adalbert Podlech, Gehalt und Funktionen des allgemeinen verfassungsrechtlichen Gleichheitssatzes, Berlin 1971, S. 204 ff.

63 Diese Aussage entspricht sehr allgemein formulierbaren Einsichten der Genetik. Der Aufbau komplexer Systeme setzt (1) eine Diskontinuität von System und Umwelt, (2) einen relativ einfachen Code und (3) ausreichende Zeit voraus, während der die zu (1) und (2) genannten Bedingungen erhalten bleiben.

64 Eine der wenigen mir bekannten Arbeiten ist Leonard G. Miller, Rules and Exceptions, Ethics 66 (1956), S. 262–270. Miller betont mit Recht, daß Ausnahmen eine Regel nicht schwächen, sondern gerade stärken, weil sie von unhaltbaren Ansprüchen entlasten. Gleichwohl wird es im Prozeß der Zulassung von Ausnahmen eine Schwelle geben, jenseits derer die Regel an Glaubwürdigkeit verliert. Vgl. ferner den Begriff der »defeasible concepts« bei H. L. A. Hart, The Ascription of Responsibility and Rights, in: A. G. N. Flew (Hrsg.), Essays on Logic and Language, Oxford 1951, S. 145–166, und als eine »ethnomethodologische« Analyse Don H. Zimmerman, The Practicalities of Rule Use, in Jack D. Douglas (Hrsg.), Understanding Everyday Life: Toward the Reconstruction of Sociological Knowledge, London 1971, S. 221–238.

65 Introduction à l'ethnologie de l'appareil juridique, in: ders. (Hrsg.), Ethnologie générale, Paris 1968, S. 1091–1110 (1108).

66 Siehe z. B. Volkmar Gessner/Jürgen Samtleben, Vertragsehen in Brasilien, Rabels Zeitschrift 36 (1972), S. 700–712.

67 Ein anderes Beispiel: der Versuch, die Grenzen der wichtigen dogmatischen Figur des »Mißbrauchs« durch Interessenabwägung zu bestimmen, bei Jürgen F. Baur, Mißbrauch im deutschen Kartellrecht, Tübingen 1971, insb. S. 107 f. Vgl. dazu auch die Kritik von Ludwig Raiser, Mißbrauch im Wirtschaftsrecht, Juristenzeitung 27 (1972),

S. 732–734 mit Hinweis auf die Möglichkeiten teleologischer Rechtsauslegung.

68 Eine bemerkenswerte Vorarbeit ist Walter Wilburg, Entwicklung eines beweglichen Systems im bürgerlichen Recht, Graz 1950, die jedoch über den einen Gesichtspunkt der (im Regel/Ausnahme-Schema angeblich zu geringen) Flexibilität nicht hinauskommt.

69 Hierzu gibt es sowohl allgemeine wie auch rechtswissenschaftliche Untersuchungen. Vgl. etwa Karl Engisch, Die Idee der Konkretisierung in Recht und Rechtswissenschaft unserer Zeit, 2. Aufl., Heidelberg 1968, S. 237 ff., 308 ff. mit ausführlichen Literaturhinweisen. Seitdem namentlich Winfried Hassemer, Tatbestand und Typus: Untersuchungen zur strafrechtlichen Hermeneutik, Köln 1968, S. 96 ff.; Reinhold Zippelius, Die Verwendung von Typen in Normen und Prognosen, Festschrift für Karl Engisch, Frankfurt 1969, S. 224–242; ders., Der Typenvergleich als Instrument der Gesetzesauslegung, Jahrbuch für Rechtssoziologie und Rechtstheorie 2 (1972), S. 482–490.

70 Sie setzt mithin Negation des Negativen ein zur Reduktion unkontrollierbar hoher Komplexität – eine vielfach bewährte Technik. Vgl. dazu Edmund N. Cahn, The Sense of Injustice: An Anthropocentric View of Law, New York–London 1949; Fritz von Hippel, Richtlinien und Kasuistik im Aufbau von Rechtsordnungen: Ein Kapitel moderner Gesetzgebungskunst, Marburg 1942, insb. S. 34 ff.; F. A. von Hayek, Evolution von Regelsystemen, in ders., Freiburger Studien: Gesammelte Aufsätze, Tübingen 1969, S. 144 ff.

71 Vgl. hierzu näher Niklas Luhmann, Zweckbegriff und Systemrationalität: Über die Funktion von Zwecken in sozialen Systemen, Tübingen 1968, Neudruck Frankfurt 1973.

72 Wir setzen bei dieser letzten Frage die ihrerseits überprüfungsbedürftige Hypothese voraus, daß bei steigender Abstraktion von Kombinationsregeln zugleich die Notwendigkeit zunimmt, sie systemeinheitlich zu formulieren.

73 Vgl. etwa Friedrich H. Tenbruck, Zur Kritik der planenden Vernunft, Freiburg–München 1972.

74 Vgl. Jay W. Forrester, Counterintuitive Behavior of Social Systems, Technology Review 73 (1971), S. 53–68; auch in: Theory and Decision 2 (1971), S. 109–140.

75 Das Verhältnis von Systemtheorie und Hermeneutik müßte allerdings genauer geklärt werden, als es in diesem Rahmen möglich ist. Erst daraus könnte sich ergeben, ob die hier vertretene Position sich nennenswert von derjenigen Essers unterscheidet. Im übrigen scheint mir Esser auch die Möglichkeit der Hermeneutik zu überziehen, wenn er durch Erhellung des Vorverständnisses nicht nur unabwerfbare operative Prämissen klären, sondern auch rationale Entscheidungsgrundlagen gewinnen will.

76 Vgl. dazu für Organisationen schlechthin: Herbert A. Simon, On the Concept of Organizational Goal, Administrative Science Quarterly 9 (1964), S. 1–22.

77 Vgl. die Bemerkungen zur Regelabhängigkeit des Anfangens oben S. 24 f.

78 Das hat die soziologische Forschung vielfältig belegt. Vgl. z. B. Elton Mayo, The Human Problems of an Industrial Civilization, New York 1933, S. 99 ff.; Fritz J. Roethlisberger/William J. Dickson, Management and the Worker, Cambridge Mass. 1939, S. 253 ff.; Alvin

W. Gouldner, Wildcat Strike, Yellow Springs Ohio 1954, S. 125 ff.; Arthur Kornhauser, Human Motivations Underlying Industrial Conflict, in: Arthur Kornhauser/Robert Dubin/Arthur Ross (Hrsg.), Industrial Conflict, New York–London 1954, S. 62–85. Für eine weitere, zukunftsbezogene, gesellschaftstheoretische Perspektive wäre natürlich Marx zu konsultieren.

79 Die Grenzen des Beschwerdemechanismus als Antrieb der Rechtsentwicklung sind vor allem in den Vereinigten Staaten diskutiert worden, nachdem der »legal realism« diesen Gesichtspunkt allzu stark betont hatte. Vgl. etwa Frank E. Horack, Jr., Cases and Materials on Legislation, 2. Aufl., Chicago 1954, S. 116 ff., 195 ff.; Arnold M. Rose, Sociological Factors in the Effectiveness of Projected Legislative Remedies, Journal of Legal Education 11 (1959), S. 470–481; Morroe Berger, Equality by Statute: The Revolution in Civil Rights, Garden City N. Y. 1967, insb. S. 193 ff.; Leon H. Mayhew, Law and Equal Opportunity: A Study of the Massachusetts Commission against Discrimination, Cambridge Mass. 1968, insb. S. 152 ff.; Edwin Schur, Crimes Without Victims, Englewood Cliffs N. J. 1965; Albert D. Biderman u. a., Report on a Pilot Study in the District of Columbia on Victimization and Attitudes Toward Law Enforcement, Washington 1967; James R. Hudson, Police-Citizen Encounters that Lead to Citizen Complaints, Social Problems 18 (1970), S. 179–193.

80 Und möglicherweise auch: Bedingungen der Lernbarkeit solcher Regeln.

81 Vgl. statt anderer Joseph M. Scandura, Role of Rules in Behavior: Toward an Operational Definition of What (Rule) Is Learned, Psychological Review 77 (1970), S. 516–533.

82 Diese Einsicht wird selten so klar formuliert wie bei Edwin N. Garlan, Legal Realism and Justice, New York 1941, S. 76: »To look for the consequences of his judgment is injustice in a judge who is asked to administer law and not policy«. Ähnlich urteilen Torstein Eckhoff/Knut Dahl Jakobson, Rationality and Responsibility in Administrative and Judicial Decision-making, Kopenhagen 1960; Vilhelm Aubert, The Hidden Society, Totowa N. J. 1965, S. 25 ff., insb. 76 ff. Mit Torstein Eckhoff, Impartiality, Separation of Powers, and Judicial Independence, Scandinavian Studies in Law 9 (1965), S. 11–48, kann man diese Einsicht auch dahin formulieren, daß von einem Richter nicht zugleich Unparteilichkeit und Folgenverantwortung verlangt werden könne.

83 Vgl. Bernhard Schlink, Inwieweit sind juristische Entscheidungen mit entscheidungstheoretischen Modellen theoretisch zu erfassen und praktisch zu bewältigen? Jahrbuch für Rechtssoziologie und Rechtstheorie 2 (1972), S. 322–346.

84 Vgl. die Beobachtungen von Rüdiger Lautmann, Justiz – die stille Gewalt, Frankfurt 1972, S. 71 ff., der sich allerdings aufgrund einer deskriptiv-normativ schillernden Konzeption gegen eine solche Praxis wendet, ohne die Bedingungen ihrer Änderbarkeit mitzureflektieren.

85 Zur logischen und dogmatischen Bedeutung der Figur der Alternative siehe Jürgen Rödig, Die Denkform der Alternative in der Jurisprudenz, Berlin–Heidelberg–New York 1969.

86 Zu diesem Beispiel siehe auch die Beobachtungen von Lautmann a.a.O. (1972), S. 121 ff. zur Umwandlung eines Alternativenkontinuums in diskrete Alternativen im richterlichen Entscheidungsprozeß.

87 Die Darstellung des Textes vereinfacht insofern, als sie über die Funktion und die Stellung von Kriterien im Entscheidungsprozeß nichts

sagt. Als selbstverständlich wird in der neueren Entscheidungstheorie unterstellt, daß Kriterien nicht nur der Endauswahl unter fertig konstruierten Alternativen dienen, sondern bereits die Suche nach Alternativen stimulieren können, wenn die nächstliegende Entscheidungsmöglichkeit nicht befriedigt. Das heißt: auch für die juristische Entscheidung gilt durchaus, daß die Suche nach Alternativen (einschließlich anderer dogmatischer Konstruktionen) durch unannehmbare Realfolgen ausgelöst werden kann. Das heißt aber nicht, daß die Folgen in die Konstruktion der Alternativen selbst eingehen; geschweige denn, daß sie in die Definition der dogmatischen Begriffe eingehen und mitgeneralisiert werden. Dazu unten mehr.

88 Dies ist eine zentrale These der Systemtheorie von Talcott Parsons; siehe zuletzt: Some Problems of General Theory in Sociology, in: John C. McKinney/Edward A. Tiryakian (Hrsg.), Theoretical Sociology: Perspectives and Developments, New York 1970, S. 27–68.

89 Als eine viel zitierte Erörterung siehe John Rawls, Two Concepts of Rules, The Philosophical Review 64 (1955), S. 3–32, neu gedruckt in: Norman S. Care/Charles Landesman (Hrsg.), Readings in the Theory of Action, Bloomington Ind.–London 1968, S. 306–340. Als kritische Erörterungen vgl. etwa J. J. C. Smart, Extreme and Restricted Utilitarianism, Philosophical Quarterly 6 (1956), S. 344–354 oder H. J. McCloskey, An Examination of Restricted Utilitarianism, Philosophical Review 66 (1957), S. 466–485. Lehrbuchmäßige Darstellungen findet man in Ethiken auf utilitaristischer Basis, z. B. bei Richard B. Brandt, Ethical Theory: The Problems of Normative and Critical Ethics, Englewood Cliffs N. J. 1959, S. 380–406, oder bei John Hospers, Human Conduct: An Introduction to the Problems of Ethics, New York 1961, S. 311–343. Marcus G. Singer, Generalization in Ethics, London 1963, S. 203 ff. hat nachgewiesen, daß diese Unterscheidung in ihren Grundlagen sehr viel älter ist als die oben zitierte Diskussion. Zur Übertragung auf die Begründung von Rechtsentscheidungen vgl. schließlich Richard A. Wasserstrom, The Judicial Decision: Toward a Theory of Legal Justification, Stanford Cal.–London 1961 und dazu Ronald Dworkin, Does Law Have a Function? A Comment on the Two-Level Theory of Decision, The Yale Law Journal 74 (1964/65), S. 640–651.

90 Wir nehmen hier nicht zu der Frage Stellung, ob und wieweit eine solche konkrete Output-Orientierung *legislativ* kontrollierbar wäre; das würde uns in hier nicht durchführbare Überlegungen zum Zusammenhang von Gesetzgebung und Planung verstricken.

91 Dazu Anregungen für die Dogmatik des Verwaltungsrechts bei Brohm a.a.O., insb. S. 304 f.

92 Das ist im übrigen impliziert, wenn man sagt, es handele sich um eine Entscheidung.

93 Vgl. Niklas Luhmann, Zweckbegriff und Systemrationalität: Über die Funktion von Zwecken in sozialen Systemen, Tübingen 1968, Neudruck Frankfurt 1973.

94 Vgl. Walter Schmidt, Die Programmierung von Verwaltungsentscheidungen, Archiv des öffentlichen Rechts 96 (1971), S. 321–354; Peter Oberndorfer, Strukturprobleme des Raumordnungsrechts, Die Verwaltung 5 (1972), S. 257–272. Ferner grundsätzlich unter dem Gesichtspunkt zunehmender Bedeutung von »Gestaltungsfunktionen« im öffentlichen Recht, Brohm a.a.O. (1972).

95 On the Concept of Organizational Goal, a.a.O. S. 6.

96 Das zeigen nicht zuletzt die Schwierigkeiten, in die die Wirtschaftswissenschaften mit dem Versuch geraten sind, den individuellen Nutzen des wirtschaftlich Handelnden zu Wohlfahrtsfunktionen zu aggregieren.
97 Siehe zum Beispiel Thomas Raiser, Das Unternehmen als Organisation: Kritik und Erneuerung der juristischen Unternehmenslehre, Berlin 1969; ferner Ernst-Wolfgang Böckenförde, Organ, Organisation, juristische Person: Kritische Überlegungen zu Grundbegriffen und Konstruktionsbasis des Staatlichen Organisationsrechts, Festschrift für Hans J. Wolff, München 1973, S. 271–305.
98 Erstmals hatte wohl Hobbes sich überlegt, welche Konsequenzen der Zukunftsaspekt gemeinsamer menschlicher Lebensführung für das Recht habe. Seine Lösungsvorstellungen bezogen sich indes noch auf die alten Problemformeln der Furcht und der Bedürftigkeit, und die Antwort lag deshalb für ihn in der Sicherung des Friedens durch übermächtige Herrschaft. Hobbes konnte nicht sehen, daß gerade durch Frieden und durch Reichtum an Befriedigungsmöglichkeiten die Zukunft expandiert und damit in ihrer Kontingenz neuartige Probleme stellt.
98a Vgl. z. B. Jean Ray, Essai sur la structure logique du code civil français, Paris 1926, S. 146 ff.
99 Vgl. Niklas Luhmann, Weltzeit und Systemgeschichte: Über Beziehungen zwischen Zeithorizonten und sozialen Strukturen gesellschaftlicher Systeme, in: Peter Christian Ludz (Hrsg.), Soziologie und Sozialgeschichte, Sonderheft 16 der Kölner Zeitschrift für Soziologie und Sozialpsychologie, Opladen 1973.
100 Siehe z. B.: Henri Deguillem, La socialisation du contrat: Etude de sociologie juridique, Paris 1944; Gaston Morin, La révolte du droit contre le code, Paris 1945.
101 Daß selbst die Logik mit diesem Problem nicht zurechtkommt, weiß man seit Aristoteles. Die Frage, ob binäre Schematisierungen schlechthin – also auch die von Recht und Unrecht – daran scheitern, sollte deshalb auch die Rechtstheorie und die Rechtsdogmatik alarmieren.
102 Dazu mit Nachweis der Herkunft aus Schlichtungsverfahren Lutz Gusseck, Die Zumutbarkeit – ein Beurteilungsmaßstab?: Die Stellung der Zumutbarkeit in gütlichen, schlichtenden und gerichtlichen Verfahren, Berlin 1972.
103 Psychologische Forschungen behandeln dieses Problem am Falle der Leistungsbeurteilungen, die, wenn sie ohne Anhalt in erwartungsunabhängigen Kriterien bleiben, schlicht in die Richtung der voreingenommenen Erwartung guter bzw. schlechter Leistung tendieren. Einen Überblick über diese Forschungen findet man bei Martha Foschi, On the Concept of »Expectations«, Acta Sociologica 15 (1972), S. 124–131 (125).
104 Daß der Bedarf für rechtliche Artikulation sehr unterschiedlichen Umfang annehmen kann und daß ein sehr geringes Maß an Juridifizierung mit der Entwicklung von industrialisierter Wirtschaft sehr wohl vereinbar ist, läßt sich an Beispielen aus dem Fernen Osten zeigen. Vgl. für Japan Takeyoshi Kawashima, Dispute Resolution in Contemporary Japan, in: Arthur T. von Mehren, Law in Japan: The Legal Order in a Changing Society, Cambridge Mass. 1963, S. 41–72; Dan F. Henderson, Conciliation and Japanese Law: Tokugawa and Modern, 2 Bde., Seattle–Tokyo 1965; Kahei Rokumoto, Problems and Methodology of Study of Civil Disputes, Part I, Law in Japan 5 (1972), S. 97–114; für

Korea Pyong-Choon Hahm, The Korean Political Tradition and Law: Essays in Korean Law and Legal History, Seoul 1967; für China Jerome A. Cohen, Chinese Mediation on the Eve of Modernization, California Law Review 54 (1966), S. 1201–1226. Die Auswertung einer empirischen Untersuchung über Mexiko mit Ergebnissen, die in gleiche Richtung deuten, bereitet Volkmar Gessner vor.

105 Hierzu ausführlicher Niklas Luhmann, Gerechtigkeit in den Rechtssystemen der modernen Gesellschaft, a.a.O.

106 So Esser a.a.O. (1972), S. 113.

107 Vgl. Paul Amselek, Méthode phénomenologique et théorie du droit, Paris 1964, S. 66 ff.; Friedrich Müller, Normstruktur und Normativität: Zum Verhältnis von Recht und Wirklichkeit in der juristischen Hermeneutik, entwickelt an Fragen der Verfassungsinterpretation, Berlin 1966, insb. S. 168 ff.; Enrico di Robilant, Modelli nella filosofia del diritto, Bologna 1968; Miguel Reale, Pour une théorie des modèles juridique, Akten des XIV. Internationalen Kongresses für Philosophie, Wien 1970, Bd. 5, S. 144–151; ders., Il diritto come esperienza, Mailand 1973, S. 315 ff. In der soziologischen Literatur wird auch die Norm selbst gelegentlich als Verhaltensmodell bezeichnet, so z. B. von Tom Burns, Social Norms and Social Evolution, in: Michael Banton (Hrsg.), Darwinism and the Study of Society: A Centenary Symposium, London–Chicago 1961, S. 139–165.

108 Die nähere Ausarbeitung von soziologischen Kriterien der Adäquität müßte in einer Theorie der Systemdifferenzierung erfolgen, bei der zu beachten wäre, daß alle Teilsysteme der Gesellschaft wechselseitig füreinander Umwelt sind und daher nicht nur ihre eigene Funktion adäquat erfüllen müssen, sondern auch als gesellschaftliche Umwelt anderer Systeme zu deren Funktionen und strukturellen Errungenschaften in einem sinnvollen Verhältnis der Kompatibilität stehen müssen. Für das Rechtssystem ergeben sich z. B. bestimmte Anforderungen daraus, daß das politische System rechtsstaatlich, das wirtschaftliche System marktmäßig geordnet ist; oder (in einer normmäßig und dogmatisch noch völlig ungeklärten Weise) daraus, daß das Erziehungssystem in Schulen und Hochschulen in hohem Maße die Funktion der Statusverteilung in der Gesellschaft übernommen hat.

109 In der Form eines All-Satzes, als absolut gesetzte These der Ersetzbarkeit *aller* Fakten, bleibt eine solche Annahme selbstverständlich für jedes Gesellschaftssystem fragwürdig. Man müßte sie 1. durch Präzisierung der gemeinten *Bedingungen der Substituierbarkeit* klären und 2. eine *Krisentheorie* entwickeln, die anzugeben hätte, in welchen Lagen ein Gesellschaftssystem ungewöhnliche Bedingungen der Substituierbarkeit zu aktualisieren hat oder schließlich weittragende Strukturänderungen auslöst.

110 Hierzu näher Niklas Luhmann, Zur Funktion der »subjektiven Rechte«, Jahrbuch für Rechtssoziologie und Rechtstheorie 1 (1970), S. 321–330.

110a Vgl. z. B. Kurt Stegmann von Pritzwald, Zur Geschichte der Herrscherbezeichnungen von Homer bis Plato: Ein bedeutungsgeschichtlicher Versuch, Leipzig 1930, insb. S. 64 ff. zur Differenzierung von ἄναξ und βασιλεύς. Ferner Franz Leifer, Studien zum antiken Ämterwesen, Neudruck Aalen 1963.

111 Im Unterschied zu Josef Esser sehe ich diese Ordnungsvorgaben nicht ohne weiteres als (außerjuristische) »Wertungen« an, auf die hin »Durchgriffe« möglich wären. Vielmehr handelt es sich vor allen Wer-

tungen zunächst um Folgeprobleme der Art und des Ausmaßes gesellschaftlicher Systemdifferenzierung. Die »Wertungen« etwa, in deren Kollisionsfeld die amerikanische Rassengleichheitsgesetzgebung gerät – dazu Leon H. Mayhew, Law and Equal Opportunity, Cambridge Mass. 1968 –, sind soziologisch gesehen nicht etwa gesellschaftliche Letztdaten, sondern ihrerseits bedingt durch den Grad an Differenzierung und Autonomsetzung von Intimbereich, Wirtschaft und Politik. Abgesehen davon bleibt eine Parallele zu den Vorstellungen Essers insoweit bestehen, als auch gesellschaftliche Wertungen Bezugspunkte des juristischen Entscheidens sein können, die die Differenz von Input und Output übergreifen. Bezugnahmen auf solche Wertungen ermöglichen vielleicht eine kasuistische Fortentwicklung des Rechts, kaum aber eine Beurteilung der gesellschaftlichen Adäquität zentraler dogmatischer Figuren.

112 Vgl. oben Anm. 41.
113 Darauf stützt im übrigen Rolf-Peter Calliess, Theorie der Strafe im demokratischen und sozialen Rechtsstaat, Frankfurt 1974, weitgehende Folgerungen für die Strafrechtsdogmatik, insb. für den Rechtsgutbegriff und die Vereinheitlichung von Strafen und Maßnahmen.
114 Vgl. zu dieser Unterscheidung Ernst Cassirer, Substanzbegriff und Funktionsbegriff, Berlin 1910.
115 Diese Zirkelhaftigkeit eines problembezogenen Funktionalismus hat man oft als kritischen Einwand formuliert. Vgl. z. B. Dieter de Lazzer, Systemtheorie und Aufklärungsanspruch, Archiv für die civilistische Praxis 172 (1972), S. 356–364. Eine Antwort würde komplizierte zeit- und modaltheoretische Erörterungen erfordern; sie liegt, grob gesagt, in der Eigenart von Systemen selbst, nämlich darin, daß sie nie alles ändern können, was sie ändern könnten.
116 Wie sehr der juristische Gebrauch der funktionalen Analyse eine Klärung der *Intention,* sei es der am Rechtsverhältnis Beteiligten, sei es des Gesetzgebers, zur Voraussetzung hat, zeigen die Untersuchungen von Jean Patarin, Le problème de l'équivalence juridique des résultats, Paris 1954. Damit wird auf ein *kontingentes* Geltungsprinzip reflektiert, das die Möglichkeit, anders zu sein, impliziert.
116a Vgl. z. B. Esser a.a.O. (1972); Simitis a.a.O. (1972); Brohm a.a.O. (1972); Werner Krawietz, Was leistet die Rechtsdogmatik in der richterlichen Entscheidungspraxis, Österreichische Zeitschrift für öffentliches Recht 23 (1972), S. 47–80 (74 ff.).
116b Was ist Begriffsjurisprudenz? Zeitschrift des Bernischen Juristenvereins 102 (1966), S. 274–304.
117 Zur Vorgeschichte Avelino Folgado, Evolucion historica del concepto des Derecho Subjetivo: Estudio Especial en los teologos-juristas Españoles del siglo XVI, Annario Juridico Escurialense 1 (1960), S. 17–330; Michel Villey, La genèse du droit subjectif chez Guilleaume d'Ockham, Archive de philosophie du droit 11 (1964), S. 97–127; Hans Erich Troje, Wissenschaftlichkeit und System in der Jurisprudenz des 16. Jahrhunderts, in: Jürgen Blühdorn/Joachim Ritter (Hrsg.), Philosophie und Rechtswissenschaft: Zum Problem ihrer Beziehungen im 19. Jahrhundert, Frankfurt 1969, S. 63–88 (81 ff. speziell zum Aufkommen der Umdeutung des ius als facultas seu potestas im 16. Jahrhundert).
118 Vgl. Niklas Luhmann, Zur Funktion der »subjektiven Rechte« a.a.O. Siehe dazu auch Jürgen Schmidt, Zur Funktion der subjektiven Rechte, Archiv für Rechts- und Sozialphilosophie 57 (1971),

S. 383–397, der die eigentliche Funktion nicht in der Asymmetrie, sondern in der dadurch ermöglichten Dezentralisierung der Entscheidungsmacht sieht. Gerade Dezentralisierung war aber auch ein Merkmal des alten, vorsubjektiven »ius« gewesen, erklärt also den mit dem neuzeitlichen Begriff verbundenen Abstraktionsgewinn nicht ausreichend.

119 Ganz ähnlich liegt der Fall, wie wir (unten S. 67, 73 ff.) noch sehen werden, bei der Auffassung des Eigentums als Herrschaftsrecht.

120 Dazu und zur Kritik vgl. Hans-Martin Pawlowski, Allgemeiner Teil des BGB: Grundlehren des bürgerlichen Rechts, Tübingen 1972, Bd. I, S. 52 ff., 142 ff.; Vittorio Frosini, La struttura del diritto, Mailand 1962, S. 3 ff.

121 Vgl. Niklas Luhmann, Rechtssoziologie a.a.O. Bd. I, S. 40 ff.

122 Heinrich Popitz, Über die Präventivwirkung des Nichtwissens: Dunkelziffer, Norm und Strafe, Tübingen 1968.

123 Siehe als ein interessantes Beispiel: Troy Duster, The Legislation of Morality: Law, Drugs, and Moral Judgment, New York 1970.

124 Vgl. etwa Andras Angyal, Foundations for a Science of Personality, New York 1941, S. 22 ff., 88 ff.

125 Für Bewußtsein ist im übrigen bezeichnend, daß es diese Indikatorenhaftigkeit eigener Zustände wiederum ignoriert und sich dadurch entlastet. Es merkt nicht, daß es nur an sich selbst merkt. Insofern ist transzendentale Reflexion nichts für das Bewußtsein Charakteristisches, sondern im Gegenteil: Aufklärung über eine Latenz, die das Bewußtsein funktionsmäßig gar nicht übernehmen kann.

126 Hier kommt auch in systemtheoretischen Analysen vielfach der Wertbegriff ins Spiel. Vgl. z. B. Lee O. Thayer, Administrative Communication, Homewood Ill. 1961, S. 155 ff. unter dem Titel »evaluative function«. Ähnlich William J. Gore, Administrative Decision-Making: A Heuristic Model, New York–London–Sydney 1964, S. 62 ff.

127 In diese Richtung weist mit guten Argumenten zum Verhältnis von Politik, Wirtschaft und Recht Claus Ott, Die soziale Effektivität des Rechts bei der politischen Kontrolle der Wirtschaft, Jahrbuch für Rechtssoziologie und Rechtstheorie 3 (1972), S. 345–408. Zu beachten ist freilich, daß, wer gegen Differenzierung argumentiert, sich damit zugleich die Möglichkeit nimmt, von politischer Kontrolle bzw. Steuerung der Wirtschaft oder ähnlichem zu sprechen.

128 Zu anderen Rechtsinstituten siehe mit gleicher Intention: Niklas Luhmann, Grundrechte als Institution: Ein Beitrag zur politischen Soziologie, Berlin 1965; ders., Zur Funktion der subjektiven Rechte, a.a.O.; ders., Politische Verfassungen im Kontext des Gesellschaftssystems, Der Staat 12 (1973), S. 1–22, 165–182.

129 Dazu Grundrechte als Institution a.a.O., S. 121 f. Kritisch auch Peter Badura, Eigentum im Verfassungsrecht der Gegenwart, Verhandlungen des 49. Deutschen Juristentages Düsseldorf 1972, München 1972 Bd. II, Teil T. Gemeint ist im übrigen die gesamtgesellschaftliche Funktion. Wie weit das Eigentum für psychische Systeme einzelner Persönlichkeiten eine entsprechende Funktion haben kann, wäre empirisch zu prüfen.

130 Indem er als das Vernünftige nur ansah, *daß* ich Eigentum besitze, *was* und *wieviel* dagegen als rechtliche Zufälligkeit bezeichnete (Grundlinien der Philosophie des Rechts § 49).

131 Hierzu grundsätzlich Niklas Luhmann, Selbst-Thematisierungen des Gesellschaftssystems, a.a.O.

132 Siehe Niklas Luhmann, Wirtschaft als soziales System, in: ders.; Soziologische Aufklärung: Aufsätze zur Theorie sozialer Systeme, Köln–Opladen 1970, S. 204–231; ders., Knappheit, Geld und die bürgerliche Gesellschaft, Jahrbuch für Sozialwissenschaften 23 (1972), S. 186–210.

133 Zur Sonderstellung präziser »Zweierparadigmen« im Kontext von Sprache Harald Weinrich, Linguistik des Widerspruchs, in: To Honor Roman Jakobson, Den Haag–Paris 1967, S. 2212–2218. Nicht direkt damit zusammenhängend die Diskussion, ob Sprache als solche, von der Phonetik angefangen, in der Linguistik binär rekonstruiert werden kann. Dazu statt anderer Morris Halle, In Defense of the Number Two, in: Studies Presented to Joshua Whatmough, Den Haag 1957, S. 65–72. Ein wiederum anderes Problem liegt in der Beobachtung, daß ältere Sprachen die Möglichkeit bieten, Ganzheiten durch eine in ihnen beschlossene Zweier-Opposition (z. B. hell/dunkel) auszudrücken. Siehe als Beispiel und für weitere Literaturhinweise Adhémar Massart, L'emploi, en égyptien, de deux termes opposés pour exprimer la totalité, in: Mélanges biblique (Festschrift André Robert), Paris 1957, S. 38–46. Was wir im folgenden unter binärer Schematisierung als evolutionäre Errungenschaft behandeln werden, sprengt diese Möglichkeit, das Ganze als Opposition zu begreifen.

134 Vgl. hierzu George A. Kelly, Man's Construction of His Alternatives, in: Gardner Lindzey (Hrsg.), Assessment of Human Motives, New York 1958, S. 33–64 (insb. S. 37 ff.).

135 Daß auch archaische Gesellschaften dies nicht tun, sondern auf einer viel konkreteren Stufe des Denkens beim Gebrauch von Zweierparadigmen Mischformen oder dritte Möglichkeiten mit einem Tabu belegen, ist aus der ethnologischen Forschung bekannt. Vgl. z. B. Edmund Leach, Anthropological Aspects of Language: Animal Categories and Verbal Abuse, in: Eric H. Lenneberg (Hrsg.), New Directions in the Study of Language, Cambridge Mass. 1964, S. 23–63; Mary Douglas, Purity and Danger: An Analysis of the Concepts of Pollution and Taboo, London 1966, S. 162 ff.; Victor W. Turner, Colour Classification in Ndembu Ritual: A Problem in Primitive Classification, in: Michael Banton (Hrsg.), Anthropological Approaches to the Study of Religion, London 1966, S. 47–84.

136 Entstehungszusammenhänge zwischen diesen beiden Schematismen liegen im Falle der griechischen Stadtstaaten aus räumlichen und zeitlichen Gründen nahe, können aber quellenmäßig nicht sicher belegt werden. Vgl. dazu Joachim Klowski, Zum Entstehen der logischen Argumentation, Rheinisches Museum für Philologie N. F. 113 (1970), S. 111–141 (127 f.).

137 Die Nichtidentität von Eigentum und Recht bedarf vielleicht einer besonderen Begründung. Unbestreitbar wird alles Eigentum durch Recht begründet und ist insofern rechtmäßiges Eigentum. Aber in genau dem gleichen Sinne ist Nichteigentum rechtmäßiges Nichteigentum. Die *Differenz* von Eigentum/Nichteigentum ist also nicht identisch mit der *Differenz* von Recht/Unrecht. Auch im Hinblick auf die *Kriterien* der Perfektion des Wirtschaftssystems bzw. Rechtssystems kommt es zu Divergenzen: Eigentum, und gerade wirtschaftlich rational verwaltetes und vermehrtes Eigentum, ist, wie man schon im Anfang der bürgerlichen Gesellschaft gesehen und trotzdem gewollt hat, eine Wurzel von Ungerechtigkeit. Schließlich zeigt sich der Unterschied auch darin, daß Eigentum in beträchtlichem Umfang die Möglichkeit bietet, Unrecht

zu tun, rechtlichen Sanktionen auszuweichen oder Recht zu umgehen. Die Zusammenhänge zwischen jener formalen und dieser faktischen Nichtidentität von Eigentum/Nichteigentum und Recht/Unrecht wären ein wichtiges Forschungsfeld, auf dem Rechtsdogmatiker und Soziologen zusammenarbeiten könnten. Im übrigen zeigt schon die Fragestellung, wie fruchtbar es sein kann, von Denken in Positionen, Rechten, Wahrheiten zum Denken in Disjunktionen überzugehen.

138 Logik sichert, mit anderen Worten, die Konsistenz des Gebrauchs von Negationen. Sie gewährleistet, daß der Einsatz einer Negation nicht frühere Negationen diskreditiert oder unversehens dialektisch in Jas verwandelt. Eine ähnliche Auffassung zum Verhältnis von Logik und Zeit auch bei Lothar Eley, Metakritik der formalen Logik: Sinnliche Gewißheit als Horizont der Aussagenlogik und elementaren Prädikatenlogik, Den Haag 1969.

139 Insofern kann man Eigentum mit Talcott Parsons/Neil J. Smelser, Economy and Society, London 1956, S. 123 ff. auch als einen Aspekt der Institutionalisierung vertraglicher Beziehungen bezeichnen. Für Parsons ist dies der dominierende Gesichtspunkt, weil er seine allgemeine Theorie des Handlungssystems über Systemdifferenzierung und Tauschbeziehungen zwischen den Teilsystemen artikuliert.

140 Archaische Gesellschaften bringen die dazu erforderlichen Abstraktionsleistungen vielfach nicht auf und behelfen sich an deren Stelle mit konkreteren Institutionen, namentlich mit Verpflichtung zur Hilfe und zur Dankbarkeit. Im übrigen ist von dieser Frage noch zu unterscheiden die Institutionalisierung *synallagmatischer* Beziehungen. Das ist, wie oben angedeutet, ein weiterer Schritt, der die Möglichkeit des Tausches voraussetzt und dazu dient, Fehler bzw. Fehlverhalten in ihren Konsequenzen von der Leistung des einen auf die Leistung des anderen übertragbar zu machen.

141 Es ist kein Widerspruch zu unserer Grundthese, wenn hier gesagt wird, daß die Entwicklung des Geldes binäre Schematisierung voraussetzt. Das gilt für die evolutionäre Perspektive. Die Bestandteile des Kommunikationscode Geld können nicht auf einmal und perfekt auf die Welt kommen. Sie werden teils nacheinander, teils miteinander ausgebildet und erst auf einer bestimmten Abstraktionsstufe der Entwicklung voll integriert.

141a Dies dürfte letztlich auch für den kantischen Begriff des transzendentalen Schematismus gelten, obwohl gerade Kant und Kantianer in Begriffen wie Verfahren oder Operation eine Einheit von Regel und Bewegung voraussetzen. Vgl. dazu auch Friedrich Kaulbach, Der philosophische Begriff der Bewegung: Studien zu Aristoteles, Leibniz und Kant, Köln–Graz 1965, insb. S. 118 ff. Die Schwierigkeiten, in die man mit einem nicht auf Regeln reduzierbaren Begriff der Bewegung kommt, bleiben allerdings ungelöst. Insofern lassen auch die Ausführungen oben im Text unbefriedigt. Man kann nur sagen: Für das, was von der Tradition mit Bewegung gemeint war, haben wir noch keinen adäquaten Begriff. Er wird im Rückgriff auf fundamentalere Probleme des Verhältnisses von Erleben und Handeln zur Zeit zu entwickeln sein.

142 Dessen verfassungsrechts*spezifische* Einschränkungen im Hinblick auf Gründe, die den Schutz gegen Enteignung rechtfertigen, interessieren an dieser Stelle nicht.

143 Der Eigentumsbegriff des bürgerlichen Gesetzbuchs, Archiv für die civilistische Praxis 151 (1950/51), S. 311–342 (334 ff.).

144 Vgl. die Erläuterungen am Beispiel von Grundstücksgrenzen bei Darmstaedter a.a.O.
145 Das läßt sich wiederum durch einen Vergleich mit dem Wissenschaftssystem erhärten, nämlich an dem Fall, daß der logische Schematismus von Wahrheit/Unwahrheit in einen personalen Schematismus von »insiders« und »outsiders« rückentwickelt wird. Dazu Robert K. Merton, Insiders and Outsiders: A Chapter in the Sociology of Knowledge, American Journal of Sociology 78 (1972), S. 9–47.
146 Halbierungen so drastischer Art findet man dagegen häufig in archaischen Gesellschaften, dann allerdings unter Abstammungsgesichtspunkten. Vgl. George Peter Murdock, Political Moieties in: Leonard D. White (Hrsg.), The State of the Social Sciences, Chicago–London 1956, S. 133–147.
147 Ein Konzept der »Modernisierung« im Sinne einer Umstellung der Sozialordnung von Personen auf Rollen als Elemente vertritt z. B. James S. Coleman, Social Inventions, Social Forces 49 (1970), S. 163–173.
148 Zum Integrationsgrad eines Normensystems als Variable in dem hier gemeinten Sinne vgl. Jay M. Jackson, Structural Characteristics of Norms, in: Nelson B. Henry (Hrsg.), The Dynamics of Instructional Groups: Sociopsychological Aspects of Teaching and Learning. The Fifty-ninth Yearbook of the National Society for the Study of Education, Part II., Chicago 1960, S. 136–163 (152 f.).
149 In der juristischen Konstruktion mag dieser Mangel an Integration als »immanente Schranke der Rechtsausübung« dargestellt und als Systemproblem ignoriert werden. Die Konstruktion ist jedoch lebensfremd und in Prozessen der faktischen Informationsverarbeitung nicht nachvollziehbar. Man orientiert sich im Verkehr an Vorschriften und Verkehrszeichen, nicht an Schranken des Eigentums am Wagen.
150 Reflexionen über das Haben gehen deshalb häufig vom Unterschied von Sein und Haben aus und problematisieren damit die bloße Relationalität, nicht selten, um sie abzuwerten. Vgl. z. B. Günther Stern, Über das Haben, Bonn 1928, S. 71 ff.; Gabriel Marcel, Etre et Avoir, Paris 1935; Friedrich Georg Jünger, Die Perfektion der Technik, Frankfurt 1946, S. 8 ff.
151 Vgl. z. B. Fritz Stier-Somlo/Alexander Elster, Handwörterbuch der Rechtswissenschaft, Berlin–Leipzig 1927, Bd. II, S. 166 g.; Adolf Reifferscheid/Eberhard Böckel/Frank Benseler, Lexikon des Rechts, Bd. I, Neuwied–Berlin 1968, S. III, 36; Harry Westermann, Sachenrecht, 5. Aufl. Karlsruhe 1966, S. 114; Fritz Baur, Lehrbuch des Sachenrechts, 6. Aufl. München 1970, S. 196. Das regt dazu an, für oder gegen Herrschaft zu argumentieren. Darüber hinausgehende Fragestellungen ergeben sich, wenn man Eigentum als Disjunktion von Haben/Nichthaben begreift. Das führt nämlich auf die Frage, ob die Technik der Relationierung den Nichthabenden in gleicher Weise zur Verfügung steht wie den Habenden. Es ist wahrscheinlich leichter, ein rationales Verhältnis zur Sache herzustellen, wenn man sie hat, als wenn man sie nicht hat. Es gibt Reichtümer, aber keine Armtümer, über die man disponieren könnte. Derartige Feststellungen bleiben freilich an der Oberfläche, da sie unberücksichtigt lassen, in welchem Umfange Gesellschaften gerade auch den Nichthabenden rationale Strategien der Machtausübung und des Einsatzes ihrer Bedürftigkeit eröffnen. Ein Experiment dazu: John Schopler/Nicholas Bateson, The Power of Dependence, Journal of Personality and Social Psychology 2 (1965), S. 247–254.

152 Dies ist eine Anwendung des allgemeinen Prinzips (siehe oben S. 24 f.), daß Regeln die Willkür des Anfangens von Prozessen ermöglichen. Dem Zufall überlassen bleiben dann selbst die nichtvertraglichen Erwerbsgründe, weil die Institution des Vertrags das Ertragen solcher Zufälligkeit ermöglicht.
Vgl. dazu Hegel, Rechtsphilosophie § 50: »Daß die Sache dem in der Zeit *zufällig Ersten*, der sie in Besitz nimmt, angehört, ist, weil ein Zweiter nicht in Besitz nehmen kann, was bereits Eigentum eines anderen ist, eine sich unmittelbar verstehende, überflüssige Bestimmung.« Das ist vom regulativen Primat des Vertrags her gedacht (obwohl Hegel das Eigentum in einer Analyse des Rechts der Person begründet und über Vertrag erst im Anschluß daran unter Voraussetzung des Eigentums handelt). Vgl. auch Peter Landau, Hegels Begründung des Vertragsrechts, Archiv für Rechts- und Sozialphilosophie 59 (1973), S. 117–138.

153 Wer davon profitiert, daß Landwirte von Feldern, Wiesen und Wäldern profitieren, wird man rasch erkennen, wenn dies nicht mehr der Fall ist. Wer davon profitiert, daß Kapitalisten vom Kapital profitieren, . . . usw. In jedem Falle müßte bei Wegfall des Profits Organisation als Ersatz einspringen, zur Sicherstellung von Motiven ebenso wie zur Sicherstellung von Wirkungen.

154 Zu derartigen Tendenzen rechtsvergleichend Hans Erich Kaden, Der Eigentumsbegriff in rechtsvergleichender Betrachtung, Zeitschrift für Rechtsvergleichung 2 (1961), S. 193–208.

155 Vgl. Carl Schmitt, Verfassungslehre, München–Leipzig 1928, S. 170 ff.

156 Badura a.a.O., S. 14, formuliert z. B., daß die Institutsgarantie »das Vorhandensein eines Normenbestandes gewährleisten (solle), der Erwerb, Gebrauch und Verkehr vermögenswerter Rechte ermöglicht und das für das Eigentum kennzeichnende Prinzip der ›Privatnützigkeit‹ respektiert«.

157 Für weitere Beispiele siehe §§ 228 ff., 904 BGB (wobei die letztgenannte Bestimmung, obwohl sie ein Handeln des Nichteigentümers vor Augen hat, noch als Einschränkung der Rechte des Eigentümers formuliert ist).
In der Zurückhaltung gegenüber der Berechtigung von Nichteigentümern kommt nicht nur der Schutz des Eigentümers zum Ausdruck, sondern zugleich auch die Unbestimmtheit der Nichteigentümerrolle selbst. Gäbe man Nichteigentümern in höherem Maße den Zugriff frei, würden sich zu viele auf die Sache stürzen, und sie würden untereinander in Konflikt geraten.

158 Vgl. dazu die Analyse der reflexiven Relevanz des »generalized other« bei George H. Mead, Mind, Self and Society From the Standpoint of a Social Behaviorist, Chicago 1934, S. 152 ff. Der hier interessierende Fall der Negativgeneralisierung wird allerdings von Mead nicht berücksichtigt.

159 Ein Aspekt dieses allgemeinen Phänomens diskutiert Friedrich H. Tenbruck, Zur Kritik der planenden Vernunft, Freiburg–München 1972, S. 120 ff., mit Hilfe der Unterscheidung von Fragen des Einsatzes disponierbarer Mittel und Fragen des Könnens. Diese Unterscheidung hat jedoch die Reichweite rationaler Disposition im Auge und deckt sich daher nicht genau mit der hier gemeinten Differenz von Haben und Können.

160 Hierzu unter besonderen Gesichtspunkten auch Niklas Luhmann, Die

Organisierbarkeit von Religionen und Kirchen, in: Jakobus Wössner (Hrsg.), Religion im Umbruch, Stuttgart 1972, S. 245–285; ders., Überlegungen zum Verhältnis von Gesellschaftssystemen und Organisationssystemen, in: Kommunikation und Gesellschaft: Möglichkeiten und Grenzen von Kommunikation und Marketing in einer sich wandelnden Gesellschaft, Karlsruhe 1972, S. 143–149.

161 Die liberale Formulierung für diesen Bezug war, daß jedermann die Möglichkeit habe, Eigentum zu erwerben. Sie setzt sich der Frage nach den Bedingungen dieser Möglichkeit und ihrer Realisierung aus. Wir würden sagen: Man muß Nichteigentümer sein, um Eigentümer werden zu können.

162 Wie weit damit faktisch organisationsinterne Macht verbunden ist, ist eine empirische Frage. Jedenfalls ist, wie immer bei Machtfragen, der Eigentümer nur mächtig, wenn er mit Liquidation, das heißt mit Zerstörung seiner Machtgrundlagen drohen kann. Die Formalisierung des Machtpotentials wird in der Organisation autonom geregelt, nämlich durch etwaige Zuweisung von Kompetenzen an den Eigentümer oder von ihm ernannte Personen. Ebenso unbestreitbar ist, daß es in Organisationen weitere selbsterzeugte Machtquellen gibt. Mit den Begriffen von Albert O. Hirschman, Exit, Voice, and Loyalty: Reponses to Decline in Firms, Organizations, and States, Cambridge Mass. 1970, kann man auch formulieren: Die Möglichkeit des »exit« steht in teils komplementären, teils substitutiven Beziehungen zur Möglichkeit des »voice«. Zum Ganzen auch James S. Coleman, Loss of Power, American Sociological Review 38 (1973), S. 1–17.

163 Ein nicht untypisches Beispiel: Werner Weber, Das Eigentum und seine Garantie in der Krise, Festschrift Karl Michaelis, Göttingen 1972, S. 316–336 (328 ff.).

164 Eine gute Einführung bietet Louis R. Pondy, Toward a Theory of Internal Resource-Allocation, in: Mayer N. Zald (Hrsg.), Power in Organizations, Nashville Tenn. 1970, S. 270–311 mit weiteren Literaturhinweisen.

165 Vgl. R. J. Monsen/J. S. Chiu/D. E. Cooley, The Effect of the Separation of Ownership and Control on the Performance of the Large Firm, Quarterly Journal of Economics 82 (1968), S. 435–451.

166 Hierzu Niklas Luhmann, Funktionen und Folgen formaler Organisation, Berlin 1964, insb. S. 54 ff.

167 Dies ist, wie oben angedeutet, eine allgemeine Eigenschaft binärer Schematismen, die man auch an der Logik (Wahrheit) oder am Recht (Rechtskraft) beobachten kann, daß sie durch erfolgreiche Ausschließung von Irrelevanzen Bindungswirkungen erzeugen, die dann, obwohl kontingent gesetzt, als Basis für weitere Operationen dienen können.

168 Unter seinem Leitgesichtspunkt, nämlich dem der Institutionalisierung einer normativen Ordnung, stellt auch Parsons »property« (als geldbezogen) und »authority« (als machtbezogen) einander gegenüber. Vgl. z. B. Talcott Parsons, In the Concept of Political Power, in: ders., Sociological Theory and Modern Society, New York–London 1967, S. 297–354 (319 ff.); ders., An Overview, in: ders. (Hrsg.), American Sociology: Perspectives, Problems, Methods, New York–London 1968, S. 319–335 (331). Dazu und für weitere Analysen zum Haben/Nichthaben-Problem vgl. ferner Alvin W. Gouldner, The Coming Crisis of Western Sociology, London 1971, S. 286 ff.

169 Siehe für den politischen Bereich z. B. Willy Martinussen, The Deve-

lopment of Civic Competence: Socialization or Task Generalization, Acta Sociologica 15 (1972), S. 213–227, im Anschluß an Gabriel A. Almond/Sidney Verba, The Civic Culture, Princeton 1963. Ist es Zufall, daß Parallelforschungen für den Fall der wirtschaftlichen Kompetenz (ohne Habe!) oder der wissenschaftlichen Kompetenz fehlen? Ein Ausgangspunkt für psychologische Forschungen ist Robert W. White: Motivation Reconsidered: The Concept of Competence, Psychological Review 66 (1959), S. 297–333. Ob es Jürgen Habermas gelingen wird, darüber hinaus sein generelles Konzept der »kommunikativen Kompetenz« auf eine Theorie der Gesellschaft (und nicht nur eine Theorie der Interaktion) zu beziehen, bleibt abzuwarten. Selbst dann fehlte in diesem Konzept ein Äquivalent für binäre Schematisierung.

Register

abstrakt/konkret 52
Abstraktion, des Eigentums 67f.
–, funktionale 53ff.
Abwägungsgebot 32ff.
acceptio personae 29
act-utilitarianism 42f.
Adäquität 88 Anm. 108
Aggregationsebenen 42ff.
Alternativen 40f., 61
Anfang, Willkür des 24f., 67
Asymmetrien, ungerechte 56, 70
Ausdifferenzierung, des Rechtssystems 16, 22f., 24, 25, 31, 59
–, des Wirtschaftssystems 70f.
Bedingungen des juristisch Möglichen 19
Begriffsjurisprudenz 11, 12, 54
Begründung s. Folgenorientierung
–, der Begriffswahl 55
Beschleunigung der Veränderungen 13f.
Beschwerden 37
Bewußtsein 90 Anm. 125
binäre Schematisierung 38, 61ff.; s. Recht/Unrecht
Bindungen, soziale 16, 53
Differenzierung, organisatorische 39
Diskontinuitäten, Kontrolle von 54; s. selbstsubstitutive Ordnung
Dispositionsbegriffe 19
Dogmatik 15ff.
–, Funktion der 15f., 25ff.
–, Gesetzgebungsabhängigkeit der 12f.
– und Rechtspolitik 19f.
– und Reformdiskussion 54
Ebenen der Aggregation 42ff.
Eigentum 60ff.
–, Abstraktion des 67f.
–, Entmutigungsgrenze des 73

–, kontextspezifische Differenzierungen 72f.
–, Sozialbindung des 68, 69
–, verfassungsrechtlich 69f.
empirische Wirklichkeitserforschung 28
Entscheidungstheorien 39
Entscheidungszwang 17, 34
»Ergebnisse« 40
Fall s. Rechtsfall
Fehler, Fehlerkontrolle 51
Folgen-Orientierung 14, 29ff.
Folgenvoraussicht 35
Funktion/Dysfunktion 55
funktionale Abstraktion 53ff.
funktionale Äquivalenz 51
Geld 60f.
Geltung s. Rechtsgeltung
Generalisierung der Selbst-Negation 72
Gerechtigkeit 20f., 23, 28f., 38f., 49f.
Gesetzgebung 53, 56, 59
Gleichheit/Ungleichheit 28f., 38
Größe des Systems 26f.
Güterabwägung 32ff.
Haben/Nichthaben 62ff.
Haben und Können 73ff.
Herrschaft (potestas) 67
Illegalität, notwendige 32
Indikatoren, eigene Zustände als 58
Informationsverarbeitungsprozeß 26f.
inkongruente Informationen, Einstellung auf 27
Input-Grenze, Primat der 27f.
Input/Output des Rechtssystems 25ff., 58f.
Institutsgarantie/Rechtsgarantie 69f.

Integrationsgrad des Rechtssystems 66
Interdependenz 26 f., 66
–, externe/interne 40
–, zentralisierte 18
Interdependenzunterbrechungen 36
Interessen, rechtlich geschützte 56 f., 73
Interessenabwägung 32 ff., 73
Interessenjurisprudenz/Begriffsjurisprudenz 10 f., 11 f., 29, 54
»Internalisierung« des Folgenproblems 40 f.
Justizverweigerung s. Entscheidungszwang
Kasuistik 18
Klassifikation 24 ff.
kognitive Strukturen, Operationsniveau von 26 f.
Kommunikationsmedien, symbolisch generalisierte 62
Kompetenz 75 f.
Komplexität 20, 26 f.
Konfliktregulierung 24, 27, 49
Konstruktion, juristische 19, 28, 37, 40
Kontingenz 17, 46
Kontinuität/Diskontinuität 54
Kriterien 18, 21 f., 31, 48
Logik 62, 63, 81 Anm. 47
Macht des Eigentümers 95 Anm. 162
manifeste/latente Funktionen 55 ff.
Modelle, juristische 50
Negation des Negativen als Reduktionstechnik 34, 54 f.
Negationsverbote 15 f.
offizielle Sinngebung 55
Organisationen 73 ff.
Organisationsfähigkeit 73
Organisationsgrad 26 f.
organisationsinterne Macht 74 f.
Output s. Input/Output, Folgenorientierung
parajuristische Normbildungen 32
Partikularismus/Universalismus 29
Perfektion 20 f.
Personalauswahl 48, 58

Profit als Kriterium 74
Progressivwerden von Operationen 61, 63
Punkt-für-Punkt-Beziehungen 41 f.
Rationalität, wirtschaftliche 71
Recht, Funktion des 24
–/Unrecht 21 f., 25, 31, 57; s. binäre Schematisierung
Rechtfertigung durch Folgen 35 f., 42
Rechtsanwendung, Unsicherheit der 17 f.
Rechtsdogmatik s. Dogmatik
Rechtsfall 17, 25, 28, 37
Rechtsgarantie/Institutsgarantie 69 f.
Rechtsgeltung 19, 55
Rechtsnormen 17, 53
Rechtspolitik 19 f., 53 f.
Rechtssicherheit 24, 35
Rechtssystem 12 f., 41 f., 49 f.; s. Ausdifferenzierung, Input/Output, Selbststeuerung
Rechtstheorie 13, 19
Reflexivität 53, 65
Regel/Ausnahme-Schema 32 ff.
Regel-Orientierung 24 f.
Relationierung von Relationen 18, 22, 31, 44
Reziprozität, Verzicht auf 56
rule-utilitarianism 42 f.
Schematismus 64; s. binäre Schematisierung
Schranken der Rechtsausübung 93 Anm. 149
Selbst-Negation, Generalisierung der 72
Selbststeuerung des Rechtssystems 10, 12, 14, 15, 48, 58
Selbstsubstitutive Ordnung 20, 54
Social engineering 29
Sozialbindung des Eigentums 68, 69
Sozialwissenschaften, juristische Relevanz der 9 ff., 30
soziologische Jurisprudenz 9 f., 29
Standardisierung s. Klassifikation
Struktur/Prozeß 17

subjektives Recht 55f., 64ff.
Subsumtion 28
System/Umwelt 49; s. Input/Output
Systematisierung der Dogmatik 21, 22
Systembegriff, Geschichte des 11f.
Systemreferenzen, Wahl von 53f.
Synallagma 51, 92 Anm. 140
Tausch 63f.
teleologische Methode 29, 41, 45
Tempoanforderungen 13, 59
Typisierungen 33; s. Klassifikation
Universalismus/Partikularismus 29
Unsicherheit, Steigerung tragbarer 16ff.; s. Rechtssicherheit
utilitaristische Ethik 42ff.
Verschiedenartigkeit der Elemente 26f.
Vertrag 67; s. Synallagma, Tausch
Vertragsfreiheit 29

Voraussehbarkeit 35
Wertung von Folgen 34; s. Folgen-Orientierung
Wiederholbarkeit von Entscheidungen 37
Wirkungen s. Folgen
Wirtschaft 62ff.
Zahl der Elemente s. Größe
Zeit s. Tempoanforderungen, Zukunftsorientierung
–, rechtliche Relevanz von 46
Zeithorizonte 25, 27, 36f.
Zukunft, Unbestimmtheit der 46f.
Zukunfts-Orientierung 14, 36ff.; s. Folgen-Orientierung
Zukunftsverantwortung in Rechtsverhältnissen 46ff.
Zumutbarkeit 48
Zumutung von Alternativen 61
Zweckprogramme, juristische Kontrolle von 45f.